자연과학으로 보는

마르크스주의 변증법

자연과학으로 보는

마르크스주의 변증법

R S 바가반 지음 | 천경록 옮김 | 최무영 감수

책갈피

자연과학으로 보는

마르크스주의 변증법

초판 1쇄 2010년 3월 20일
초판 2쇄 2019년 10월 31일
지은이 R S 바가반 I 옮긴이 천경록 I 감수 최무영
펴낸곳 도서출판 책갈피 I 등록 1992년 2월 14일(제18-29호)
주소 서울특별시 중구 필동2가 106-6 2층
전화 (02) 2265-6354 FAX (02) 2265-6395 I E-mail bookmarx@naver.com
값 11,000원 I ISBN 978-89-7966-071-5 03100
잘못된 책은 바꿔 드립니다.

| 차례 |

일러두기

1. 이 책은 R S Baghavan이 쓴 *An Introduction to the Philosophy of Marxism Part I* (Socialist Platform, 1987)을 번역한 것이다.
2. 이 책의 내용 중 인용문의 출처는 모두 후주 처리했다.
3. 각주 중에서 특별히 언급되지 않은 것은 모두 저자의 원주다.
4. ≪ ≫ 부호는 책, 잡지 등을 나타내고, 〈 〉 부호는 신문을 " "는 논문 등을 나타낸다.

C L R 제임스*의 추천사

이 책은 마르크스주의 철학을 소개함과 동시에 그 주제를 적절하게 다루고 있는 훌륭한 입문서다. 그러나 이 책은 한 가지 중요한 것을 빠뜨리고 있는데, 그것은 바로 주제를 미개척 분야로까지 확장하지 않은 점이다.

나의 역할은 이 책을 소개하는 것이다. 그렇지만 내가 이해한 주제의 어려움에 비춰 볼 때, 그것은 공백을 채우고 알려지지 않은 연관들

---

* 트리니다드토바고 출신으로 20세기의 영향력 있는 지성 중 한 명인 시릴 제임스 Cyril Lionel Robert James는 범아프리카주의 운동을 이끈 정치 지도자로서 아프리카 독립운동을 지원하고 직접 참여하기도 했다. 1930년대와 1940년대에 영국을 거쳐 미국으로 이주해 트로츠키주의 이론가로 활동했다. 그는 한국에 번역된 ≪블랙 자코뱅≫(필맥, 2007) 외에도 ≪세계 혁명≫, ≪미국의 흑인 문제에 대한 혁명적 회고≫ 등의 탁월한 저서들을 많이 남겼다. 그의 저서와 소장 도서들을 모은 C L R 제임스 선집은 2005년에 유네스코가 가치 있는 기록을 보존·보급하기 위해 선정하는 세계기록유산에 등재되기도 했다.

을 밝혀내는 등 많은 작업의 여지가 필요할 것이다. 이는 나의 능력과 시야를 벗어나는 일이므로 나는 주제에 대해 내가 이해한 바를 개괄하는 것으로 만족하고자 한다.

마르크스주의는 서유럽 사상의 절정이다. 또한 마르크스주의는 오늘날 서유럽의 사고와 관행에서 빠뜨릴 수 없는 일부다. 그런데 서유럽 사상과 마르크스주의 사이의 연관을 살펴보지 않으면 둘 가운데 어느 하나도 이해할 수 없다.

마르크스주의는 하나의 절정이다. 그러나 마르크스가 시작할 당시에는 서유럽의 서로 다른 지적 분야들이 이미 궁극적 단계에 도달해 있었다. 헤겔은 철학이라는 학문을 더는 발전의 여지가 없어 보이는 경지까지 끌어올렸다. 철학은 정상에 다다랐고 적어도 그것이 다루고 있던 분야들에서는 더 이상의 전망이 없는 듯했다.

역사학의 분야에서는 미슐레가 또 다른 절정에 도달했다. 흥미로운 사건들과 극적 인물들에 대한 이야기로써 역사학은 종언을 고하고 말았다.

명민한 사람들이 생트-뵈브의 비판을 실천적 비판 양식의 완결 편으로 받아들였다는 사실은 매우 흥미롭다. 문학적 관찰과 분석의 성과 위에서 빅토르 위고는 시를 학문으로 승격시켰고, 그래서 둘 다 계발했다. 이처럼 다양한 분야에서 성취가 완료됐을 때 교양 있고 야심만만한 청년 마르크스가 문학과 역사학의 세계에 입문했다.

오늘날 우리가 알 수 있듯이, 그리고 마르크스가 그것을 모른 채 본능적으로 작업했다고 보기 힘들겠지만, 문학은 기존의 길을 고수하면서 발전할 수는 없었다. 그것은 언어의 달인인 헤겔이 '도약'이라고 표현한 극적 운동을 통해서만 가능했다.

돌이켜볼 때 가장 놀라운 사실은 마르크스가 마침내 분명한 길을 발견하기까지 힘겹게 탐험하고 헤매지 않아도 됐다는 것이다. 그는 고전 언어와 서유럽 문학과 역사를 두루 섭렵한 교양 있는 젊은이였다. 마르크스는 이미 닦여진 길을 따라가서는 더 이상의 발전을 기대하기 힘들다는 점을 이해하고 있었던 듯하다. 그리고 그는 ≪공산당 선언≫에서 이미 이룩한 새로운 수준을 충분히 숙지하고 있음을 보여 줬다. 생각건대 1848년에 쓰인 ≪공산당 선언≫을 읽으면서 느꼈던 흥분을 능가하는 것은 문학이나 역사학에서 지금까지 아무것도 없었다.

위대한 발견을 선수 쳤던 사례들을 보여 주기 위한 시도들이 있었으나 내가 보기엔 그것들은 설득력이 없다. 내 생각에 마르크스는 문학, 역사학, 철학이 여태껏 성취한 모든 것들에 이미 통달해 있었으므로 그에게는 그 모든 것을 내버려 둔 채 학문의 새로운 과제들을 진술하는 것이 더 자연스러웠다.

유럽의 역사와 문학의 발전 과정에는 한 단계에서 더 높은 단계로의 도약들이 많았다. 그러나 그 어떤 도약도 그 중요성과 결과에서 마르크스가 1848년에 이룬 바를 능가하는 것은 없을 듯하다.

내가 하고자 하는 일이 무엇인지 밝혀야겠다. 나는 이 책의 서문이 책에서는 추천사로 바꿨다 — 편집자을 써달라는 부탁을 받았다. 이 책은 사회 이론과 철학의 발전을 매우 잘 이해하고 있는 훌륭한 책이다. 이 책은 특히 세부적 사실들에 통달해 있고 능숙하게 소재를 다루는 자신감으로 충만해 있다.

그러나 나는 모든 종류의 지적 업적들에 대한 통찰인 마르크스주의가 외부 세계의 다양한 사건들과 역사적 전개와 접촉하면서 발전한 인간의 의식이 훈련을 통해 구성한 성과라는 사실을 사람들이 얼마나 쉽게 잊어버리는지 잘 알고 있다. 이 사실, 그리고 특히 외부 세계가 끊임없이 변화하고 스스로 확장하면서 지적 훈련에 대해 유사한 결과를 강요한다는 사실을 절대 잊지 말아야 한다.

내가 시작했던 것으로 끝을 맺어야겠다. 마르크스주의 운동의 진정한 시초는 1847년과 1848년에 쓰인 마르크스의 저작에서 찾을 수 있는데, 이 저작들은 1847~1848년 사건들의 직접적 결과다. 마르크스는 그렇게 하는 것이 불가능하다는 단순한 이유로 그냥 건너뛰는 일은 결코 하지 않았다.

1987년 3월
C L R 제임스

01

서론

마르크스와 엥겔스 모두 자신들을 철학자로 여기지 않았지만, 마르크스가 박사학위 논문(1841년)의 주제로 고대 그리스의 유물론적 원자론자인 데모크리토스와 에피쿠로스의 철학을 선택한 것은 의미심장하다.*

1842년에 셸링 철학에 대한 비판적 논설 두 편을 쓴 바 있는 엥겔스는 어느 급진적 잡지사가 "박사님"이라고 존칭하면서 기고해 주십사고 부탁했을 때 "나는 그저 장사꾼이며 프러시아 군대의 일개 포병일 뿐입니다" 하며 거절했다.[1]

---

* 흔히들 헤겔은 초기 유물론자들에 대해 가볍게 짚고 넘어가기만 한 반면에, 마르크스는 처음부터 오랫동안 유물론을 탐구했다고 말한다. 그러나 마르크스는 1842년 이후에는 자신의 학위 논문을 출판하는 일에 흥미를 잃었다는 사실을 주의하라. 그래서 그것은 마르크스가 사망한 지 한참 뒤인 1902년에야 출판됐다. 사실, 원본은 이미 찾아볼 수 없었으며, 재생된 것은 마르크스가 교정을 본 불완전한 사본이었다.[2]

마르크스와 엥겔스는 자신들의 철학적 견해에 대해 "방법"이라거나 이따금 "유일하게 과학적인 방법"이라고 설명했을 뿐 어떤 명칭을 부여하지는 않았다. 1886년, 마르크스 사후에 엥겔스는 "이 유물론적 변증법은 …… 우리가 가진 가장 우수한 작업 도구였고 가장 날카로운 무기였다"[3]고 썼다. 이 용어[유물론적 변증법 — 옮긴이]를 뒤바꾼 '변증법적 유물론'이라는 말은 플레하노프가 처음으로 사용했는데, 그는 "마르크스주의는 완전한 세계관"[4]이라고 주장하기도 했다.

레닌이 역설했듯이 철학은 마르크스주의의 구성 요소다.[5]

마르크스는 헤겔의 변증법적 방법을 포이어바흐가 최고로 끌어올린 유물론과 융합하는 과정을 통해 인류 사상사에 가장 위대한 철학적 기여를 할 수 있었다.

40년간 마르크스의 협력자였던 엥겔스는 오직 마르크스만이 그런 일을 해 낼 수 있었다고 말했다. "마르크스는 다른 모든 사람들보다 더 높은 곳에서 더 멀리, 더 넓게, 더 앞서서 바라보았다. 마르크스는 천재였다. 그 밖의 사람들은 기껏해야 수재였을 뿐이다. 마르크스가 없었다면 그 이론은 결코 오늘날처럼 될 수 없었을 것이고, 따라서 그 이론에 마르크스의 이름이 붙는 것은 정당하다."[6]

* * *

비평가들은 오랫동안 마르크스와 엥겔스가 자신들의 철학적 방법을 자기완결적인 저작으로 내놓지 않았다고 비난했다. 도대체 '그 책'은 어디 있느냐고 그들은 아우성이다.[7]

물론 마르크스는 그런 저술 활동을 할 수 있기를 원했다. 1858년에 마르크스는 엥겔스에게 다음과 같은 편지를 보냈다. "그런 일을 다시 할 수 있는 시간이 있다면, 나는 헤겔이 발견하긴 했지만 그와 동시에 신비주의로 포장해 버린 방법의 합리적인 내용을 일반인들이 이해할 수 있도록 종이 두세 장 분량으로 정리하고 싶습니다."[8]

1876년에 요제프 디츠겐에게 보낸 편지에서 마르크스는 그러한 의사를 거듭 피력했다. "생계를 위한 노동의 부담을 덜어 버린 후에는 변증법에 대한 글을 쓰고자 합니다. 변증법의 올바른 원리들은 비록 신비한 형태로나마 헤겔의 변증법 안에 포함돼 있습니다. 이제 필요한 것은 그것에서 신비한 형태를 벗겨 내는 일입니다."[9]

1873년에 엥겔스는 더욱 야심찬 계획에 착수했으나 불행하게도 1886년에 중도 포기해야만 했다. 그가 남긴 단편들과 미완성 초고들은 그가 사망한 지 30년 후, 안타깝게도 레닌과 플레하노프가 죽은 뒤인 1925년에야 ≪자연 변증법≫이라는 제목으로 나왔다.

* * *

마르크스와 엥겔스는 비판적이고 논쟁적인 저술들을 통해서 철학적 방법을 발전시켰다. 그들이 공동으로 저술한 ≪신성 가족≫(1844년)과 ≪독일 이데올로기≫(1845~1846년)*는 헤겔 이후의 철학적 조류에

---

* 마르크스와 엥겔스가 사망한 다음에(1932년) 출판됐다. 마르크스가 나중에 기록한 바에 따르면, 사실상 "자기 명료화"를 목적으로 쓴 글이고 출판해 줄 사람이 없었기 때문에 원고를 "쥐새끼들이 갉아먹도록"[10] 내버려 뒀다고 한다. 이 책에서 마르크스와 엥겔스가 다윈보다 훨씬 앞서 진화론적 사상을 피력했음을 볼 때 이는 매우 유감스런 일이 아닐 수 없다.

대한 비판적 연구의 결과였다. 마르크스의 ≪철학의 빈곤≫(1847년)은 프루동의 ≪빈곤의 철학≫(1846년)에 대한 응수였으며 '프루동에 대한 반론'이라는 제목이 더 어울릴 듯하다. 엥겔스는 만년에 ≪반뒤링론≫(1887년)을 썼는데 이 또한 논쟁적인 저작이다.

비평가들이 회피하는 점은 다른 사상 학파와 논쟁하기 위해서는 자신의 철학적 견해가 있어야 한다는 점이다. 안토니오 라브리올라가 지적했듯이, 다른 모든 사상이나 사상 학파와 마찬가지로 마르크스주의는 처음부터 완성된 채로 하늘에서 떨어진 것이 아니다.[11]

마르크스 자신도 이미 1842년에 다음과 같이 말했다. "철학자들은 버섯처럼 맨땅 위에서 솟아나는 것이 아니라 그 시대의 산물이고 사람들이 만든 산물이다."[12] 사상의 또 다른 한 분야에서 프로이트는 "완결된 이론은 천국에서 떨어지는 것이 아니다"[13] 하고 지적한 바 있다.

엥겔스가 말했듯이, "사상의 과학은 역사적인 과학이다."[14]

마르크스가 자신의 철학적 방법을 발전시킨 시기는 1830년대 말과 1840년대 초였다.

헤겔은 프랑스 대혁명의 정신적 충격 아래서 저술했다. 마르크스는 최초의 독립적 노동계급 운동이 태동하던 시기에, 그리고 1848년의 서유럽 혁명의 충격이 임박했을 때 활동을 시작했다. 마르크스주의는 전통적 개념이나 지배적 사상과 충돌하면서 발전했을 뿐 아니라, 역사적 사건들에 대한 예측을 통해 발전한 것이기도 하다.

비평가들에게 답변하기 위해 레닌은 ≪철학 노트≫(1915년)에서 다음과 같이 말했다. "마르크스가 모종의 '논리학'을 남기지는 않았지만,

≪자본론≫의 **논리**를 남긴 것만은 분명한 사실이다. 그리고 이것[≪자본론≫의 논리 - 옮긴이]은 이 문제를 답하는 데 최대한 활용돼야 할 것이다. ≪자본론≫에서 마르크스는 논리, 변증법, 그리고 유물론적 인식론(여기서 이 세 단어는 필요 없다. 그것들은 모두 하나이면서 동일한 것들이다)을 어떤 한 과학*에 적용했는데, 이것은 헤겔 철학에서 귀중한 것을 모두 취해 더욱 발전시킨 것이다."[15]

독일어판 마르크스-엥겔스 ≪서한집≫(1913년)에 대한 평론에서 레닌은 다음과 같이 논평했다. "서한집에서 표현되고 토론된 사상 전체가 수렴하는 중심을, 말하자면 서한집 전체의 초점을 한 마디로 정의하면 그것은 바로 **변증법**일 것이다."[16]

여기에서 다음과 같은 달시 톰슨의 논평을 떠올리는 것도 의미 있을 듯하다. 비록 고대 중국인들에게 체계적인 화학은 없었지만 종이와 먹, 비단과 자기, 화약을 보면 중국에도 분명히 화학이 존재했다는 것이다.[17]

뉴턴이 미적분에 대한 교과서 대신 ≪프린키피아≫를 남긴 것과 마찬가지로 마르크스와 엥겔스는 풍부한 변증법의 **적용 사례**를 우리에게 유산으로 남겼다.[18]

유물론이라는 근본적 전제와 변증법이라는 연구 방법을 통해 그들은 경제와 역사를 훌륭하게 분석하고 예견할 수 있었다.

그러나 난점이 한 가지 있는데, 마르크스주의 철학의 여러 개념을 일반적으로 이해하기 위해서는 상당한 경험이 필요하다는 점이다.

---

* 헤겔의 ≪논리학≫(1812~1816년)을 뜻한다.

마르크스주의 철학을 다루는 대부분의 저자들은 연대기적 서술 방식을 따르는 관례가 있다. 이 방식은 전기나 역사 저술에는 적절하겠지만 마르크스주의 철학을 해설하는 입문서에는 매우 부적절하다. 이제는 대부분 잊었거나 마르크스와 엥겔스가 없었다면 기억조차 못하는 19세기 철학자들에 맞서 벌어진 논쟁들을 통해 마르크스와 엥겔스를 이해하는 일에 독자들이 관심을 가질는지 의심스럽다.

이 입문서는 교육을 위한 것이며, 주제를 다루는 방식은 서사적이라기보다는 개략적이다. 마르크스주의 방법의 법칙들은 간결하게 몇 가지 예를 통해 밝히고 소개할 것이다. 변증법은 보편적이기 때문에 그 예는 무궁무진하다. 그 예들이 하도 많아서 독자들은 나무를 보느라 숲을 보지 못할 수도 있다.*

그리고 또 하나 유의해야 할 점이 있다. 이 책에 나오는 인용문들은 권위에 호소하기 위해서가 아니라 ― 마르크스주의에 신성한 경전은 없다 ― 전달하려는 내용을 제대로 표현했기 때문에 사용했다는 점이다. 트로츠키가 말했듯이 마르크스주의를 가장 잘 설명한 사람은 마르크스 자신임에 유의하자.[19]

---

* 다른 말로는, 딜시 톰슨의 표현대로 바닥없는 우물에서 물을 퍼 올리는 것과 같다.

02

역사적 과업 － 문제 제기

1789년 프랑스 (부르주아) 대혁명의 여운이 채 가시기도 전에 프롤레타리아의 독자적 운동이 시작되고 있었다. 엥겔스가 말했듯이, 바뵈프의 프롤레타리아 사상은 그 "운명적인 그림자"를 루소의 부르주아 사상 곁에 드리우고 있었다.[1]

1831년에는 프랑스의 리옹 지방에서 반란이 일어났다. "노동하면서 사느니, 싸우다가 죽자!"는 구호 아래 결집한 노동계급이 역사상 최초의 독자 행동을 감행한 것이다.

1838년에는 영국의 프롤레타리아가 다소 덜 공상적이며 더 현실적인 요구들, 예컨대 "성직자를 줄이고 돼지고기를 더 달라!"는 구호를 내놓고 차티스트 운동을 시작했다.

1844년에 슐레지엔의 직공들은 독일 노동계급 반란의 서막을 열었는데, 당시 마르크스는 이 반란이 "직접적으로 프로이센 국왕을 겨냥한 것일 뿐 아니라 부르주아지를 겨냥한 것"²이기도 하다고 말했다.

서유럽의 모든 곳에서 열병처럼 산업 발전이 번져 가는 동안 노동자들은 고개를 들기 시작했으며 주기적인 계급투쟁 분출은 국정의 '정상적' 기능을 방해했다. 불안에 떠는 급진적 지식인들은 하나의 철학적 견해에서 다른 견해로 옮겨 다녔으며, 어떤 때는 사회주의에 혹하기도 했는데, 대개는 말만 많고 내용은 없는 얘기나 떠드는 데 만족하거나 지배계급의 뻔뻔스런 대변자로 전락하고 말았다.

그렇지 않은 경우는 거의 없었다. 그 예외 가운데 하나였고 1845년에 이미 벨기에에 망명 중이던 27세의 독일인은 노트에 다음과 같이 썼다. "지금까지 철학자들은 세계를 다양하게 해석했을 뿐이다. 그러나 문제는 세계를 변화시키는 것이다."³

그 젊은이의 이름은 칼 마르크스였는데, 그가 얼마나 성공적으로 세계를 변혁하기 위한 이론적 기초와 실천적 측면을 발전시켰는지는 다음과 같은 사실을 통해 짐작할 수 있다. 즉, 그의 저작들은 전 세계에서 거대한 사회운동들을 고무했으며, 오늘날에도 부르주아지와 그 하수인들은 마르크스에 관한 기억을 지우려 애쓰고 마르크스의 추종자들에게 거리낌 없이 증오를 드러낸다는 사실이다.

* * *

"지금까지 철학자들은 세계를 다양하게 해석했을 뿐이다. 그러나 문제는 세계를 변화시키는 것이다."

그렇지만 변화는 때와 장소를 가리지 않은 채 인간의 활동과는 별개로 일어난다는 점을 주의하라. 모든 무기물은 자연이나 인간이 어떤 형태로 빚어낸 후에는 침식되고 썩어 없어지기 마련이다. 태어나고 죽는 것은 삶의 기본 리듬이다.

고대 그리스의 철학자인 에페수스의 헤라클레이토스는 "누구도 똑같은 강물에서 두 번 목욕할 수는 없다"는 격언을 통해 변화의 보편성을 나타냈다. 훗날 크라틸루스는 더 생생하게 "단 한 번도 똑같은 강물에서 목욕할 수 없다"[4]고 강조했다.

사회도 변하지만 보통은 그 변화가 느껴지지 않는다. 우리가 할 일은 그러한 변화에 참여해서 그것을 능동적이고 의식적인 방향으로 이끄는 것이다.

따라서 변화라는 현상을 연구할 필요가 있다. 변화에 대한 보편적 법칙을 정식화하면 사회 변화의 법칙들을 정립할 수 있을 것이다.

그리고 이것이야말로 마르크스주의 변증법이 우리에게 선사한 업적이다. 엥겔스의 표현을 빌면, "변증법은 자연, 인간 사회, 사유의 운동과 발전에 대한 일반 법칙들을 다룬 과학일 뿐이다."[5]

일단 인간 사회가 변하는 법칙들을 이해하면, 현재 진행되고 있는 변화 과정의 어디에, 어떻게 우리 활동이 통합되는지를 알 수 있을 것이다. 이는 사회를 재편하는 것이 우리 시대의 절실한 요구이기 때문이다.

03

유물론

마르크스주의 철학의 기초는 유물론이며, 유물론의 핵심을 이해하거나 인정하는 것은 결코 어렵지 않다. 토마스 헉슬리는 "우리가 실제로 관찰하고 사유하는 한 우리는 절대로 유물론에서 벗어날 수 없다"[1]고 쓴 적이 있다. 마르크스는 엥겔스에게 쓴 편지에서 맞는 말이라며 이 문장을 인용했다.

'유물론'이라는 말은 쉬운 말이다. 이는 마르크스주의 용어에서 모든 비非유물론적 학파를 '관념론'이라고 부르기 때문에 더욱 그렇다.

부하린은 철학적 '유물론'과 '관념론', 그리고 실천적 유물론과 관념론을 간단명료하게 구별했다. 그에 따르면 마르크스주의자는 철학에

---

* '불가지론자'를 자처했던 토마스 헉슬리는 알 수 없다는 뜻을 가진 '불가지론'이라는 말을 만들어 낸 장본인이다. 이 책에서 인용된 비非마르크스주의 저술가들 가운데 일부는 일관되지 못한 유물론자들이다.[2]

서 유물론자이면서도 실천에서 관념론자다.[3]

철학적 유물론은 천박한 물질적 욕구에 집착하는 것을 뜻하는 것이 아니다. 유물론은 물질의 선차성을 강조하는 견해다.

물질

마르크스주의자는 세계가 인간의 의식과 별개인 실재라고 인식한다. 이런 생각은 마르크스주의자들뿐 아니라 중국, 인도, 그리스의 고대 철학자들도 갖고 있었다.

유럽이 중세의 지적 동면에서 깨어났을 무렵 철학자들은 이 근본 문제를 다시 파고들기 시작했으나 이를 완전하고 명료하게 표현한 사람은 마르크스였다.

≪유물론과 경험비판론≫(1908년)에서 레닌은 마르크스주의 철학의 관점에서 '물질'을 정의했다. "물질이란 감각을 통해 인간에게 주어지며 감각을 통해 복제, 촬영, 반영되지만 감각에서 독립해 존재하는 실재를 가리키는 철학적 범주다."[4]

그는 다시 말했다. "철학적 유물론을 정의하는 물질의 한 가지 특성은 물질이 의식과는 별개로 존재하는 객관적 실재라는 것이다."[5]

과학 지식이 진보하면서 이러한 생각은 비마르크스주의자들도 수용하게 됐다.

의사이기도 했던 체호프는 "유물론적 사고를 금지하는 것은 진리 탐구를 금지하는 것과 같다. 물질 밖에서는 인식도 경험도 있을 수 없고, 따라서 진리도 없다."[6]고 지적했다.

아인슈타인은 다음과 같이 말했다. "모든 물리학은 지각과 사고에서 독립한 실재實在라는 가정에서 출발하는 한 실재적實在的이다."[7] 또한 "외부 세계가 그것을 연구하는 관찰자에서 독립해 존재한다는 확신이 모든 자연과학을 떠받치고 있는 기반이다."[8] 그리고 "실재에 관한 모든 인식은 경험에서 시작해 경험으로 끝난다."[9]

또 다른 유명한 물리학자인 막스 플랑크는 다음과 같이 썼다. "우리의 외부에 존재하는 모종의 실재에 대한 믿음 …… 그것만이 우리의 암중모색에 꼭 필요한 뒷받침을 제공해 준다."[10] 그리고 "이론 물리학은 사건들이 우리의 감각에서 독립해 존재한다고 가정한다."[11]

플랑크는 유물론이라는 개념을 공리의 형태로 훨씬 더 강력하게 표현했다. "물리학의 전체 구조를 뒷받침하는 요체는 다음과 같은 두 가지 공리다. (1)우리의 인식 행위에서 독립해 실재하는 외부 세계가 있다. (2)실재하는 외부 세계를 직접적으로는 알 수 없다."[12]

물질의 선차성

과학적 연구에 따르면 생물이 무생물에서 비롯했다는 사실은 의심의 여지가 없다. 과학이 아직 그 과정을 정확하게 설명하지는 못하지만, 생명이 무기물에서 진화했다는 것은 기정사실이다. 또한 생명은 진화의 일정 단계에서 정신을 만들어 냈다.

지구상의 진화에는 크게 세 단계가 있었다.

무생물

　　　생물

　　　　　정신을 가진 생물[13]

그 과정은 오랜 세월이 걸렸는데, 현재 다음과 같이 추정한다.

지구의 역사	45억 년
생명의 역사	약 20억 년
인간의 역사	약 300만 년

그렇다면 인간의 정신은 '태초'부터 있었던 것이 아니다. 그것은 자연의 산물이며 사회의 영향을 받는다.

엥겔스는 포이어바흐를 요약하면서 다음과 같이 썼다. "정신이 물질을 만들지 않았으며, 정신 자체는 물질의 최고 산물일 뿐이다."[14]

더욱이, 정신은 물질의 산물일 뿐 아니라 물질과 떨어질 수 없는 것이기도 하다. 이미 1651년에 홉스는 ≪리바이어던≫에서 "생각하는 물질에서 생각을 분리하는 것은 불가능하다"[15]고 선언했다.

요컨대 이것이 바로 물질의 선차성이라는 개념의 의미다.✦

✦ 프리드리히 엥겔스는 1843~1844년에 최면에 관한 실험에서 '이중 기억' 현상을 발견해 나중에 프로이트가 개척한 세계와 마주쳤는데, 프로이트는 정신이 부분적으로는 의식에서 독립적이라는 사실을 입증했다.[16]

관념은 실재를 반영한다

마르크스는 "인간의 의식이 그들의 존재를 결정하는 것이 아니라 반대로 그들의 사회적 존재가 의식을 결정한다"[17]고 썼다. 그는 다시 "나에게 …… 관념이란 물질세계가 인간 정신에 반영돼 사고력으로 표현된 것일 뿐이다"[18]고 썼다.

레닌은 이 견해를 정교하게 다듬었다. "이것이 바로 유물론이다. 물질은 우리의 감각기관에 작용해 감각을 일으킨다. 감각은 두뇌, 신경, 망막 등 특정 방식으로 조직된 물질에 달려 있다. 물질의 존재는 감각에 달려 있지 않다. 즉, 물질이 먼저다. 감각, 사고, 의식은 독특한 방식으로 조직된 물질의 최고 산물이다."[19]

과학 지식의 발전은 현실 세계, 즉 생물학적 · 역사적 · 사회적 · 물리적 · 심리적 배경이 관념을 형성한다고 주장한 마르크스와 그의 선배들이 옳았다는 것을 보여 줬다.

토마스 헉슬리는 "확실히 오늘날 웬만큼 아는 사람이라면 심리학이 신경생리학에 바탕을 두고 있다는 사실을 부인하지 않는다"[20]고 논평했다.

유명한 물리학자인 슈뢰딩거는 다음과 같이 썼다. "자연에 대한 원시인의 첫 관찰은 의식적으로 형성된 어떤 정신적 패턴에서 비롯한 것이 아니다. 원시인이 연상한 자연의 모습은, 말하자면 주위 환경의 모습 그대로 저절로 생겨났다. 또한 그 그림은 생물학적 조건, 생계유지의 필요, 그리고 자연 환경과 인간 생활 사이의 온갖 상호작용으로 결정된다."[21]

트로츠키는 "인간의 정신은 물질이 발달해 생긴 것이며, 그와 동시에 정신은 물질을 인식하는 도구다. 차츰 정신은 자체의 기능에 적응하고, 스스로 한계를 극복하면서, 더욱 새로운 과학적 방법을 창출하고, 훨씬 더 복잡하고 정확한 도구를 고안하며, 자신이 한 일을 끊임없이 점검하고, 한 걸음 한 걸음 미지의 영역을 파고들며, 물질에 대한 우리의 개념을 바꿔 놓는다. 그러면서도 결코 만물이 존재하는 기반을 초월하지는 못한다"[22]고 말했다.

철학의 근본 문제 — 관념론이냐 유물론이냐

비록 이런 유물론 철학을 자세히 설명한 사상가들도 있었던 반면에 마르크스 전에도 후에도 '관념론'의 태도를 취한 다른 수많은 철학자들이 있었다. 그들은 관념이 최고이며 관념이 현실을 만들었다고 주장했다.

데카르트*는 "나는 생각한다. 고로 나는 존재한다"[23]고 선언했다.

쇼펜하우어는 "세계는 나의 관념이다"[24]고 주장했다.

* 독실한 신자였던 데카르트를 때로는 '이원론자'(물질/영혼, 이성/신앙)로 분류하기도 한다. 데카르트의 반대에 아랑곳하지 않고 그의 제자들은 그의 물리학을 유물론의 학파로 바꿔 놓았다. 동시대 인물인 블레즈 파스칼은 다음과 같은 불만을 토로했다. "나는 데카르트를 용서할 수 없다. 그는 자신의 철학 전체에서 하느님을 없애려고 최선을 다했기 때문이다. 그러나 그는 하느님으로 하여금 엄지손가락 하나로 세상을 움직이게 만들도록 하지 않을 수 없었다. 그렇지만 그 다음에는 하느님이 더는 쓸모없게 됐다."[25](마르크스와 엥겔스의 ≪신성 가족≫ 제6장을 보시오.)

헤겔은 세계를 '절대 정신'의 실현으로 여겼다. "존재하는 것은 오직 정신뿐이다. 정신이 실재의 전부다."[26]◆

이와는 반대로, 마르크스는 다음과 같이 선언했다. "나는 유물론자이고 헤겔은 관념론자다. 헤겔의 변증법은 모든 변증법의 기본 형태이지만, 그 신비주의적 외형을 벗겨 냈을 때만 그러하며, 바로 이것이야말로 나의 방법을 구분 짓는 것이다."[27]

1873년에 마르크스는 그의 견해를 재천명했다. "내 변증법적 방법은 헤겔의 변증법과 다를 뿐 아니라 그것과 정반대다. 헤겔에게는 인간 두뇌의 생명 과정, 즉 사고 작용 ― 그가 '정신'이라는 이름으로 독립적 주체로 바꾸기까지 한 ― 이 현실 세계를 창조한 데미우르고스[제작자라는 뜻으로 그리스 신화에 나오는 물질계의 창조신 ― 옮긴이]이고 현실 세계는 단지 '정신'이 외화한 현상 형태일 뿐이다. 반대로, 나에게 관념은 물질세계가 인간 정신에 반영돼 사고의 형태로 표현된 것일 뿐이다."

또한, "변증법이 헤겔의 손 안에서 신비화의 고초를 치르기는 했지만, 그럼에도 헤겔이 최초로 변증법의 일반 원리를 의식적이고 포괄적인 방식으로 표현했다는 사실은 부정할 수 없다. 헤겔의 변증법은 물구나무서 있다. 그 신비의 껍질 속에 숨어 있는 합리적 핵심을 찾아 내려면 그것을 똑바로 일으켜 세워야 한다."[28]

◆ 로이 파스칼은 이 말이 오히려 "신을 지칭하는 비신학적인 이름"[29]이라고 평했다. 이 의견을 힌두교에 대한 라다크리슈난의 해석과 비교해 보면 흥미롭다. "역사는 단순히 사건들의 연속이 아니라, 사건들을 통해 자신을 실현하려고 애쓰면서 탄생하기 위해 몸부림치는 관념이나 정신의 활동이다."[30]

유물론과 관념론 사이의 근본적인 차이점은 엥겔스가 정의했다. "모든 철학에서, 특히 근대 철학에서 중요한 근본 문제는 사고와 존재 …… 정신과 자연 …… 의 관계다. 무엇이 먼저인가, 정신인가 자연인가? 그에 대해 철학자들이 내놓은 답변에 따라 철학자들은 양대 진영으로 갈라졌다. 정신이 자연보다 먼저라고 주장하고 따라서 결국에는 이런 저런 형태의 세계 창조를 가정한 사람들은 관념론 진영에 속했다. 다른 이들, 즉 자연이 먼저라는 견해를 가진 사람들은 가지각색의 유물론 학파에 속했다."[31]

트로츠키는 다음과 같이 요약했다. "마르크스의 방법이 지닌 근본적인 강점은 경제 현상을 객관적으로 다루는 데 있었는데, 이는 몇몇 사람의 주관적 관점을 통해서가 아니라 실험 과학자가 벌집이나 개미집을 관찰하듯 사회 발전 전체에 대한 객관적 이해로써 가능한 것이었다.

"인간은 경제적 필요에 따라 반응하지, 그 반응에 대해 생각하는 바에 따라 행동하지는 않기 때문이다. 사회의 바탕을 이루는 것은 종교나 도덕이 아니라 자연과 노동이다. 마르크스의 방법은 의식에서 존재의 방향으로 나아가는 것이 아니라 그 반대이기 때문에 유물론적이다."[32]

04

변화만이 '절대적' 현상이다

마르크스주의자들은 관성의 근본적 성질을 인정하면서도 오직 변화
만이 '절대적' 현상이라는 것을 인정한다.*

영원한 것은 없고 모든 것은 변하게 마련이라는 사실을 깨달은 자
연과학과 사회과학은 진화론적 시각을 채택하지 않을 수 없었다.

뉴턴이 말했듯이 "자연은 변신을 즐긴다."[1]

엥겔스는 ≪자연 변증법≫ 서문에서 이 기본적인 사실의 수용이
18~19세기 과학에 미친 혁명적 영향을 이야기하고 있다.

---

* 물리학자 막스 보른은 자신의 책 ≪정지하지 않는 우주≫(1935년) 서두에서 논평하
기를, 세상에 없는 것을 지칭하는 '정지'라는 단어가 있다는 사실이 의아하다고 했다.
운동은 정지 상태가 교란된 것이라는 오래된 관념과 대조하면서 독일 물리학자 키르
히호프는 "정지는 특별한 운동"이라고 말했다. 엥겔스는 이 주장을 환영하면서 키르
히호프가 "계산만 할 줄 아는 것이 아니라 변증법적으로 사고할 줄도 알았다"[2]고 덧
붙였다.

그러면 엥겔스를 따라가면서 몇몇 과학의 역사를 간단히 살펴보자.

우주 진화론

1749년에 프랑스의 학자인 뷔퐁은 해박한 저서 ≪자연의 역사≫에서 신의 창조 행위가 없는 우주 진화 이론을 제시했는데, 교회의 반대에 부딪힌 그는 자신의 견해를 철회해야 했다.

그러나 시간은 흘렀고 그 발상은 억누르기 힘들었다. 그 생각은 1755년에 독일에서 ≪자연의 일반 역사≫라는 제목으로 발간된 익명의 소책자에서 다시 개진됐다.*

1796년에 프랑스의 석학 라플라스는 ≪우주 체계 해설≫에서 그 이론의 과학적 체계화를 시도했다. 그리고 어째서 창조자에 관한 언급이 없느냐는 나폴레옹의 물음에 그는 "그러한 가설은 필요 없습니다"[3] 하고 대답했다 한다.

까마득한 옛날에(현재 추정으로 100억 년에서 130억 년 전에) 우주는 초고온 '가스' 덩어리였다. 여기에서 고속 회전하는 공 모양 융합체,

---

* 훗날 ≪전집≫이 사후 출간되면서 그 저자가 다름 아닌 임마누엘 칸트였음이 밝혀졌다. 그는 익명이었지만 당당하게 "나에게 물질을 달라. 그러면 세계를 내놓겠다"[4]고 말했다. 그 전에 데카르트는 "나에게 물질과 운동을 주면 우주를 내놓겠다"고 선언했다. 그는 물리적 사실들을 '운동과 형태'로 설명할 수 있다고 주장했는데, 현대 용어로 이것은 '운동과 구성', 더 정확히 말하면 운동의 법칙과 초기 조건이다.[5] 200년 뒤에 맥스웰은 "하나의 물질계는 특정 순간에 그 물질계가 지닌 운동과 구성에서만 다른 물질계와 다를 수 있다"[6]고 되풀이했다.

곧 별들이 응결했다. 그 별들 가운데 하나인 태양에서 더 작은 '방울'들이 떨어져 나와 어미 공 주위를 공전하게 됐다. 이것들이 바로 행성들이고 지구는 그중 하나다.

이렇게 볼 때, 변화는 라플라스 이후 우주 진화론의 기본 테마다. 그것도 점진적 변화가 아니라 폭발(우주 진화론자들이 말하는 '대폭발(빅뱅)'), 행성의 탄생, 별의 타오름과 다 타버림을 수반하는 변화 말이다.

그 이론은 확장되고, 수정되고, 도전받고, 반박당하고 대체됐다. 그러나 라플라스 이래로 우주가 탄생·성장·쇠미의 역사를 갖는다는 사실은 논란의 여지가 없었다. 이미 만들어진 세계 안에서 규칙적인 계절의 변화만 일어난다는 오래된 신화적 관념은 산산이 깨져 버렸다.

지질학

허턴, 퀴비에, 리엘 등은 과학적 연구를 통해 지각地殼의 비밀을 캐냈다. 대륙과 대양은 영원한 것이 아니었다. 지각은 불균등하게 식어 가서 땅덩이들이 갑자기 솟아올랐다. 대륙들이 갈라졌고, 산맥들이 밀려 올라갔으며 새로운 바다들이 태어났다. 때로는 뻗어 나가고 때로는 사그라지는 거대한 얼음 벌판들이 지구 표면을 수천 년 동안 뒤덮었다.

스코틀랜드의 선구적 지질학자 허턴은 ≪지구 이론≫(1785년)에서 적절하게도 "시작의 흔적도 종말의 징후도"[7] 찾아볼 수 없다고 밝혔다.

생물학

1859년에 다윈이 출판한 ≪종의 기원≫은 동식물의 진화에 관한 이전의 추측을 뒷받침하는 증거뿐 아니라 진화에 관한 새롭고 혁명적인 개념을 제시했다.

오랜 세월에 걸쳐 단순하기 이를 데 없는 미생물들이 고등 생물로 발전했다. 우리가 아는 여러 종의 특징들은 변이, 분화, 그리고 환경의 조건에 적응함으로써 생겨났다.

그 과정을 다윈은 '자연선택', '성적 선별', 그리고 '생존경쟁'에서 '적자생존'의 이론으로 설명했지만, 지금은 그러한 이론이 종의 진화를 충분히 설명하지 못하는 것으로 여겨져 연구와 발견과 이론으로 수정되고 보완됐다. 그러나 다윈 이후로 생명의 진화는 기정사실이 됐다. 동식물 종의 지리에 따른 분산이 확인됐을 뿐 아니라 그 동안 느리지만 불균등한 발전도 있었다. 종은 고정불변이라는 믿음은 치명타를 맞은 것이다.

인류학

유럽인들이 지리상의 발견을 위한 탐험에 나섰을 때, 그들은 관습과 문화가 다르고 문명 수준이 다른 사람들이 살고 있는 지역들을 많이 발견했다.

1861년에 바호펜은 ≪모계 권력≫ 연구로 가족의 역사에 대한 연구를 개척했다. 1877년에 출판된 모건의 ≪고대 사회≫는 가족의 진화에 관한 분명한 증거를 제시했다. 마르크스와 엥겔스는 즉시 모건의 연구를 높이 평가해 가족의 진화에 관한 이론을 발전시키고 저변에서 작용하는 사회적 힘과 가족 형태의 전개 과정을 연구했다.[8]

역사학

사회는 변하지만 대개는 그 변화가 눈에 보이지 않으므로 그것을 눈치 채거나 신경 쓰는 사람은 별로 없다. 보수적인 사람들은 언제나 역사를 신의 뜻이 완벽한 현존 사회로 구현된 것이라고 생각했다. 전쟁과 혁명은 '정상적' 사회생활의 원활한 기능이 불행히도 '교란된' 것이라고들 여겼다.

그러나 사회 변화의 법칙을 발견한 마르크스는 전쟁과 혁명, 그리고 '평화' 시기에 끊임없이 일어나는 계급투쟁을 세계 역사 발전의 필수적 부분으로 이해했다. 그는 발전이 더 진행되면 사회주의 사회가 자본주의 사회를 대체하게 되고 "인류의 선사先史는 이 사회 구성체[자본주의 ─ 옮긴이]와 함께 끝날 것"[9]이라고 예견했다.

* * *

현 상태를 옹호하는 잘난 체하는 철학자들에게는 안된 일이지만 과학적 연구 끝에 그들이 고정불변이며 아득히 먼 옛날부터 물려받았다고 여겼던 것을 모두 변화가 박살냈음이 드러났다. 그리고 과학의 모든 분과에서 진화·발전·변화에 대한 고찰이 중요해졌다.

그렇다면 우리는 엥겔스의 다음과 같은 말에 동의할 수 있을 것이다. "세계는 이미 만들어진 사물들의 복합체가 아니라 과정들의 복합체로서 이해해야 하며, 그 과정 속에서 안정돼 보이는 사물들도 우리들의 머릿속에 있는 정신적 표상(개념)과 마찬가지로 생성하고 사멸하는 과정을 쉼 없이 거치면서 비록 겉으로는 우연처럼 보이고 일시적 퇴보를 겪을지라도 결국은 진보적 발전을 이룬다."[10]

05

몇 가지 기본 원칙

변증법적 사고와 형이상학적* 사고의 차이점을 밝힌 사람은 헤겔이었다.

특히 다음 원칙들은 변증법적 사고를 형이상학적 사고와 구분 짓는다.

현상을 시간과 공간의 맥락 속에서 이해한다

"어떤 사건이 일어났다"는 말은 불완전하고 따라서 의미 없는 문장이다. 이 문장은 시간과 공간을 명시했을 때만 뜻이 있다.

농민이라면 누구나 작황의 성공이 종자의 질 외에도 토양의 성질과

---

* '물리학 다음after-physics'을 뜻하는 '형이상학metaphysics'은 아리스토텔레스의 책 ≪물리학≫ 다음에 나온 책의 제목이다.[1]

날씨에 달려 있다는 사실을 알고 있다. 아이들도 화분에서 자란 식물과 들에서 자란 같은 식물이 적어도 크기가 다르다는 것쯤은 알고 있다.

다윈은 1876년에 다음과 같이 실토했다. "생각건대 내가 저지른 가장 큰 실수는 환경의 직접적 작용이 차지하는 비중을 충분히 고려하지 않았다는 점이다."[2]

미국의 유명한 식물 개발자 버뱅크는 다음과 같이 말했다. "사실이라는 것은 상대적이며, 만약 사실이 그 상대적인 위치에서 벗어나면 그것은 더는 사실이 아닌 경우가 많다."[3]

1842년에 이미 마르크스는 다음과 같이 지적했다. "올바른 이론은 구체적 상황에서 사물의 현존 상태에 근거해 명료화하고 발전시켜야 한다."[4]

마르크스는 프루동을 비판하면서 다음과 같이 말했다. "그의 역사는 신비스러운 상상의 세계 속에서 전개되고 시간과 공간을 초월한다." 그리고 마르크스는 사회적 힘이 모두 "역사적이고 일시적인" 것이라고 강조했다.[5]

"흑인은 흑인이다. 오직 특정한 조건에서만 그는 노예가 된다"[6] 하고 마르크스는 지적했다. 또한 "배고픔은 배고픔이다. 그러나 포크와 나이프를 사용해 요리된 고기를 먹으면서 충족시킬 수 있는 배고픔은 손과 손톱과 이빨로 날고기를 뜯어먹음으로써 충족시킬 수 있는 배고픔과는 다르다."[7]

1877년에 마르크스는 말했다. "그러므로 놀라울 만큼 비슷한 사건이라도 서로 다른 역사적 상황에서 일어나면 완전히 다른 결과가 나타난다."[8]

공상적 사회주의자들의 '절대적 진리'에 관해 엥겔스는 다음과 같이 논평했다. "절대적 진리는 시간과 공간 그리고 인류의 역사 발전과 별개이므로 그 진리가 언제 어디서 발견됐는가 하는 것은 순전히 우연이다."[9]

엥겔스는 포이어바흐의 도덕 이론을 비판하면서 다음과 같이 지적했다. "모든 시대와 모든 인류와 모든 상황에 들어맞는 것으로 고안했다는 바로 그 이유에서 그것은 결코 어디에도 적용할 수 없다."[10]

이 사상은 이미 헤겔의 글에 나타나 있다. "시간과 공간은 물질로 가득 차 있다. …… 물질 없는 운동이 없는 것처럼 운동하지 않는 물질도 없다."[11]

요컨대 엥겔스가 말했듯이 "모든 존재의 기본적 형태는 시간과 공간이고, 시간과 무관한 존재라는 것은 공간과 무관한 존재와 마찬가지로 불합리하기 그지없다."[12]

1908년에 레닌은 반복해서 말했다. "세상에는 물질과 운동밖에 없으며 운동하는 물질은 시간과 공간 밖에서는 움직일 수 없다."[13]

같은 해에 아인슈타인 상대성 이론의 수학을 발전시킨 헤르만 민코프스키는 다음과 같이 말했다. "시간과 별개로 공간을 인식하거나 공간과 별개로 시간을 인식할 수 있는 사람은 아무도 없다."[14]

현상들을 그 맥락에서 떼어 내어 병렬한다면 시대착오나 모순에 빠질 것이다. 이러한 방법은 십중팔구 세르반테스가 그의 유명한 소설(1604년)에서 맨 처음 사용했던 것 같다. 마르크스는 논평하기를, "돈키호테는 기사들의 무사 수업이 사회의 모든 경제 형태와 공존할 수 있다고 잘못 상상한 대가를 오래 전에 치렀다."[15]

≪아서 왕의 궁정에 있는 코네티컷 양키≫(1889년)에서 마크 트웨인은 그 반대 기법을 사용해 중세 영국을 풍자했다.

현상들을 그 상호 연관성으로 이해한다

어떤 현상을 시간과 공간이라는 맥락에서 분리할 수 없는 것처럼 하나의 현상을 다른 현상과 분리해 생각할 수 없다.

괴테는 이렇게 말한 적이 있다. "우리는 격리된 것을 자연 속에서 볼 수 없다. 모든 것은 그 앞이나 옆, 위, 아래에 있는 다른 것들과 관련을 맺고 있다."[16]

마르크스는 말했다. "인간이 환경을 만드는 것 못지않게 환경이 인간을 만든다."[17] 또, "외부의 자연에 작용함으로써 인간은 자신의 본성을 변화시킨다."[18]

1853년에 중국에서 일어나고 있던 사건들을 논평하면서 마르크스는 다음과 같이 썼다. "유럽 민중의 다음 반란은 중국에서 지금 벌어지는 일들의 결과에 좌우될 가능성이 더 크다."[19]

마르크스는 또 다음과 같이 지적했다. "다양한 측면들 사이의 상호작용은 …… 모든 유기체에서 일어난다."[20]

엥겔스는 "우리가 접할 수 있는 자연 전체는 하나의 체계, 즉 상호 연관된 전체를 이룬다. …… 그것들은 서로 작용한다"[21]고 썼다. 그는 "변증법은 상호 연관의 과학이다"[22]고 강조했고, "상호작용은 운동하는 물질을 생각할 때 맨 먼저 마주치는 개념이다"[23]고 말했고, "자연 환경과의 끊임없는 상호 교환은 삶의 본질적 요소다"[24] 하고 지적했다.

프란츠 메링은 다음과 같이 썼다. "역사 유물론은 궁극적 진리가 그 꼭대기에 들어앉은 폐쇄적 체계가 결코 아니다. 그것은 인류의 발전을 연구하기 위한 과학적 방법이다. 그것의 출발점은 인간이 자연 속에서뿐 아니라 사회 안에서 살고 있다는 의심할 수 없는 사실이다. 사회와 격리된 인간은 있을 수 없다. 우연히 그렇게 됐다고 하더라도 그는 머지않아 굶어 죽을 것이다."[25]

역사가 루돌프 골트샤이트는 "어떤 국민의 역사는 그 주변 국민들의 역사이기도 하다"[26]고 말했다.

엥겔스는 마르크스의 ≪프랑스 계급투쟁≫에 붙인 서문에서 역사의 아이러니에 관해 논평하면서 비스마르크가 독일 제국과 프랑스 공화국을 건설하는 데에 쓸모 있었다는 것을 예로 들었다.

트로츠키는 혁명가들에게 미국과 영국의 역사를 함께 공부할 것을 권유했는데, 왜냐하면 "미국과 영국은 한 쪽이 빛을 잃어 감에 따라 다른 한 쪽은 더 밝아지는 쌍둥이 별로 봐야 하기 때문이다."[27]

덧붙여 말하면, 영국의 역사를 연구하기 위해서는 옛 대영제국의 역사, 특히 인도의 역사에 관해 연구하는 것이 필요하다.

* * *

과학적 연구의 결과 이 원리를 생생하게 보여 주는 수많은 사례들을 찾을 수 있었다.

뉴턴은 모든 물질이 중력을 통해 상호작용한다고 가르쳤다.

탈레스와 같은 고대인들도 알고 있었듯이 전하電荷나 자극磁極 사이에도 상호작용이 있다.

슈뢰딩거는 "물리적 작용은 언제나 **상호작용**이다. 언제나 **그렇다**"[28]
고 강조했다.

19세기 초반에 외르스테드(1820년), 헨리(1830년), 패러데이(1831년)
의 연구 덕분에 자기마당(자기장)의 상호작용, 전류, 기계적인 힘에 관
한 법칙이 확립됐고, 전동기(모터)와 발전기를 발명할 수 있어서 인류
에게 방대하고 새로운 자원을 공급했다.*

1864년에 맥스웰은 이러한 상호작용을 수학적으로 분석하고 전자
기 현상에 관한 기존의 지식을 종합해서, 가시광선을 포함하는 폭넓
은 스펙트럼을 가진 전자기파의 존재를 예견했다.

1888년, 하인리히 헤르츠는 가시광선 외부의 스펙트럼에서 전자기
파를 검출해 통신 분야의 비약적 발전을 가능케 했다.

1895년에 뢴트겐은 전자기파 스펙트럼의 다른 부분에서 '엑스선X-
ray'을 발견했다.

모든 화학은 원소와 그 화합물의 상호작용에 관한 학문이다. 순수
한 형태로 발견된 원소들은 금, 유황, 탄소처럼 극히 일부에 지나지
않는다.

비활성 기체는 오랫동안 검출되지 않았는데, 그 까닭은 그 원소들이
다른 원소들과 반응하지 않기 때문이다. 의미심장하게도, 그 가운데
처음으로 검출된 원소는 분광 기술을 이용해 지구가 아닌 태양을 관측

----

* 20세기 초반에 스타인메츠는 제너럴 일렉트릭GE의 전기 터빈 한 개가 노예해방 시절
　미국의 노예 인구 전체가 만들어 낸 것보다 더 많은 에너지를 생산했다고 계산했다.

하다가 발견하게 됐고(1868년 얀센), 프랭클랜드와 로키어가 헬륨*이라는 그럴듯한 이름을 붙였다. 1895년에야 헬륨은 윌리엄 램지의 정교한 실험을 통해 지구에서 발견됐다.

곧이어 그 밖의 비활성 기체들이 잇달아 발견됐다. 레일리와 램지는 1895년에 아르곤('게으르고 하는 일 없다'는 뜻)을 분리해 냈고, 램지와 트래버스는 1898년에 네온('새롭다'는 뜻)과 크립톤('숨어 있다'는 뜻)과 크세논('이방인'이라는 뜻)을 분리했으며, 마지막으로 1900년에 램지와 돈이 라듐에서 방출되는 라돈을 확인했는데, 이 라돈이 마지막 비활성 기체였다. 이런 원소들은 물리학과 산업 분야에서 유용하고 중요한데도 하나같이 '화학적 성질'을 갖고 있지 않다.

그리고 퀴리 부인이 나중에 '방사성'이라고 이름 붙인 현상을 1896년에 베크렐이 발견했을 때 과학은 아원자의 세계로 들어가는 문을 발견했다. 그리고 얼마 지나지 않아 '소립자'들의 근본 특징은 상호작용이라는 사실이 밝혀졌다. 소립자들은 서로 끌어당기고, 밀어내고, 융합하고, 소멸시키며, 때에 따라서는 쪼개지거나 변환한다.

현상을 그 발전 과정으로 이해한다

변화를 무시하는 것은 자연을 무시하는 것과 같다고 고대인들은 경고

---

* 그리스 말로 태양을 뜻하는 '헬리오스'에서 따왔다. 분광기는 1868년 인도 남부를 탐험하던 프랑스 탐험대가 태양의 일식을 연구하려고 처음 사용했다.

했다. 수천 년 전에 헤라클레이토스는 "자연을 이해한다고 하는 것은 자연을 하나의 과정으로 보여 주는 것"[29]이라고 가르쳤다.

현상의 변화 과정을 연구하는 것은 현상의 정태적 상태를 연구하는 것보다 훨씬 더 유익하고 가치 있는 일이다.

기하학의 역사는 공간에 대한 동태적 연구가 중요하다는 것을 보여 준다. 기하학의 탐구를 장려했던 플라톤은 자신이 세운 아카데미아의 입구에 "기하학을 모르는 자는 여기에 들어올 수 없다!"*는 문구를 새겨 놓았다고 한다. 그러나 그의 열정이 지나친 나머지 눈금 없는 직선 자와 컴퍼스 말고는 도구 사용을 금지함으로써 오히려 그 주제 [기하학 — 옮긴이]의 탐구를 질곡에 빠뜨렸다.

유클리드(기원전 250년경)는 그때까지 알려진 기하학에 관한 모든 지식을 그의 기념비적인 저서 ≪기하학 원론≫에서 뛰어난 논리로 체계화했지만 오늘날 돌이켜보면 정물화를 그리는 데까지만 성공한 듯하다. 시간, 그리고 기하학적 도형들의 위치는 유클리드의 체계에서 별 의미가 없다(거울에 비쳤을 때의 좌우 대칭의 상像은 동일한 것이 아닌데도 유클리드에게 그 둘은 '합동'이다).

아르키메데스와 아폴로니오스, 그리고 그 동시대인들은 기하학에 시간과 운동의 개념을 도입하려 했으나 적절한 숫자 표시법과 수학 기호가 없어서 애만 먹다가 별다른 진전을 이루지 못했다. 아랍인들이 인도의 숫자 체계와 아라비아의 대수학과 삼각법을 소개해 낡은 수학 지식을 비옥하게 만들 때까지 유럽은 수백 년을 기다려야 했다.

----

* 불친절하지만 더 정확한 번역은 다음과 같다. "수학은 필수 과목이다."[30]

1360년경에 오렘 주교가 기하학에 운동의 개념('궤적')을 다시 도입했고, 유클리드 시대로부터 2000년 뒤에 데카르트는 《기하학》(1637년)을 출판했는데, 그는 여기서 수학의 두 흐름을 융합해 기하학 문제에는 대수학의 방법을 적용하고 대수학 문제에는 기하학의 방법을 적용했다.

* * *

마르크스는 학생 시절부터 이 원리를 받아들였다. 1837년에 그는 아버지에게 이렇게 썼다. "대상을 연구할 때는 그 발전 [과정]을 이해해야 합니다."[31]

마르크스는 《자본론》 2판 후기에서 매우 중요한 사실을 지적했다. "물론 서술 방법과 연구 방법은 달라야 한다. 후자는 대상을 면밀히 검토해 대상의 여러 발전 형태를 분석함으로써 그것들의 내적 연관을 추적하는 방법이다. 이러한 작업을 마친 뒤에야 실제 운동을 충분히 묘사할 수 있다. 이 일이 성공했을 때, 즉 대상의 생명 활동이 거울에 비춘 듯 관념에 반영되면, 그것은 마치 선험적으로 구성된 것처럼 보일지도 모른다."[32]

엥겔스는 "세계는 이미 만들어진 **사물들**의 복합체가 아니라 과정들의 복합체로서 이해해야 한다"[33]고 경고했다.

변증법은 엥겔스의 표현대로 "사물과 사물의 이미지, 관념을 본질적으로 그들의 내적 연관, 연속성, 운동, 그리고 생성과 소멸로 파악한다."[34]

트로츠키는 "마르크스주의는 모든 현상을 한 상태에서 다른 상태로의 전환이나 발전 [과정]으로 이해하기 때문에 변증법적이다"[35]고 논평했다.

그리고 다시 말했다. "마르크스의 방법은 자연과 사회가 모두 진화한다고 보고 진화 자체를 서로 충돌하는 힘의 끊임없는 투쟁으로 보기 때문에 변증법적이다."[36]

트로츠키는 변증법에 반대하는 사람들을 마지막으로 논박하면서 이렇게 말했다. "통속적 사고방식은 자본주의, 도덕, 자유, 노동자 국가, 기타 등등을 고정된 추상적 개념으로 이해한다. 자본주의는 자본주의이고 도덕은 도덕이라는 등, 뭐 그런 식이다. 변증법적 유물론은 모든 사물과 현상을 연속적 변화 과정으로 분석하는 동시에 변화의 물질적 조건에서 'A'가 더는 'A'가 아니고 노동자 국가가 더는 노동자 국가가 아니게 되는 결정적 한계를 식별한다.

"통속적 사고방식의 근본적 결함은 현실을 움직이지 않는 '인상'으로 파악하는 데 만족하려고 한다는 사실이다. 그러나 현실은 끊임없이 움직이고 있다. 변증법적 사고는 더 정밀한 근삿값, 교정, 구체화 등의 방법을 사용해 개념들을 유연하고 풍부하게 한다. 이러한 변증법적 사고는 어느 정도까지는 개념들을 생명 현상에 더욱 가깝게 해 주는 싱싱함이라고도 하겠다. 자본주의 일반이 아니라 특정 발전 단계의 특정 자본주의나 노동자 국가 일반이 아니라 제국주의에 둘러싸인 후진국에서의 특정한 노동자 국가 등.

"변증법적 사고와 통속적 사고의 관계는 영화와 사진의 관계와 비슷하다. 영화는 개별 사진을 폐기하지 않으면서도 그것들을 운동의 법칙에 맞게 연결한다."[37]

변증법은 현상의 특정한 측면을 연구하면서도 일반성을 보는 시각을 잃지 않는다 — 변증법은 분석하고 종합한다

속담에도 있는 말이지만, 전체는 부분들의 단순한 총합 이상이다. 동물이나 식물을 그저 세포들의 집합이나 배열이라고 할 수는 없다.[38] 시는 낱말들의 나열 이상이고 그림은 색소의 집합 이상이다.[39] 사회는 개인들의 집합 이상이고,[40] 세계경제는 국민경제의 단순한 총합이 아니다.[41] 비슷한 예를 들자면 끝이 없을 것이다.

코프카 교수는 전체가 부분들의 합계와는 다른 어떤 것임을 매우 강조했다.[42]

장님들이 코끼리의 모습을 알기 위해 각자 가장 가까이 있는 부위를 더듬어 짐작하려다가 서로 관찰을 종합하지 못해 다퉜다는 옛날이야기는 변증법의 지혜를 담고 있다.

* * *

분석, 추상, 분리의 방법을 사용함으로써, 즉 당면한 목적과 관계없는 부분을 배제하고 현상의 특정 측면을 연구함으로써 과학적 연구는 굉장한 성공을 거뒀다.

데카르트는 ≪방법 서설≫(1637년)에서 이렇게 충고한다. "어려운 문제에 맞닥뜨리면 그것을 가능한 많은 조각들로 나누어 …… 언제나 가장 간단하고 쉬운 것에서 더 복잡한 것으로 나아가라."[43]

바빌로프는 뉴턴에 관해 연구하면서 이렇게 썼다. "문제를 복잡하게 만드는 현상의 여러 측면들과 사실들을 잠시나마 의도적으로 무시하는 것은 과학사의 많은 단계에서 비근한 예였다."[44]

* * *

1583년 당시 겨우 19살이었던 갈릴레이는 피사의 성당에서 일하던 중 화려한 샹들리에가 흔들리는 것을 바라보며 그 복잡한 장치의 세 부분을 주목했다. 물체를 매단 줄이 천장에 고정된 지점, 줄의 길이, 그리고 줄 끝에 매달린 추. 사실 이것은 흔들이(진자)라고 하는 예부터 알려진 도구였다. 진동 시간을 맥박으로 측정한 갈릴레이의 천재성 덕분에 진동하는 추선에 매달린 흔들이의 역학적 비례를 알아 낼 수 있었다. 이러한 추상 과정을 통해서 갈릴레이는 규칙적('등시성') 진동의 원리를 발견했고, 이 발견은 기계적으로 정확하게 시간을 측정할 수 있게 해 인류 역사의 새로운 장을 열었다.*

복잡한 체계를 더 단순한 부분들로 쪼개는 방법이 현상을 탐구하는 데 도움을 주기는 하지만, 결코 그것만으로 원래의 복잡한 체계를 연구할 수는 없다.

코페르니쿠스는 《천체의 회전》에서 다음과 같이 경고했다. "다양한 현상들 사이의 밀접한 의존과 질서를 무시하고 그 현상들을 개별적으로 고찰하는 과학자는 훌륭한 화가가 그린 손, 발, 기타 신체 부위를 서로 어긋나게 조각조각 모아 붙임으로써 인체가 아니라 괴물의 모습을 만들어 버리는 사람에 비유할 수 있을 것이다."[45]

마찬가지로, 헤겔은 "사람의 손발은 서로 연결돼 있을 때만 사람의

---

* 추시계는 1657년에 호이겐스가 발명했다.

손발이다. 몸에서 떨어진 손은 이름만 손일 뿐"[46]이라고 지적했다.

엥겔스는 다음과 같이 썼다. "각각의 현상을 이해하려면 그것들을 일반적 상호 연관에서 떼어 내서 하나하나 고찰해야 한다. 그렇게 한 뒤에야 변화하는 현상들은 한 쪽은 원인으로, 다른 쪽은 결과로서 나타날 것이다."[47]*

레닌은 "단일한 전체를 쪼개 서로 모순되는 부분들을 인식하는 것은 …… 변증법의 핵심"이고,[48] "변증법의 요소들" 가운데 하나는 "분석과 종합의 통일"이라고 말했다.[49]

변증법은 현상의 복잡성과 다면성과 그 내용의 풍부함을 연구한다. 변증법은 보편성 안에서 다양성을, 또한 다양성 안에서 보편성을 파악하며, 분석하고 종합한다.**

'개념적 전체성'과 '구체적 전체성'을 구별해야 한다

마르크스는 오늘날 ≪정치경제학 비판≫의 부록으로 출간된 어느 미완성 초고(1857~1858년)에서 "정치경제학 방법론"이라는 제목의 단락을 남겼는데, 여기서 그는 다른 과학과 마찬가지로 정치경제학도 분석에서

---

* ≪반뒤링론≫(모스크바 판, 1962년) 서문(34쪽)에 나오는 로크와 베이컨에 대한 엥겔스의 비판 참조.

** 레닌은 그의 연설문 ≪노동조합 문제에 관한 재고≫(1921년 1월 25일)에서 이 논점을 다뤘는데, 내가 여기에 인용하지는 않았다. 그 연설문은 구하기도 쉬운데, 처음부터 끝까지 읽기를 권장한다(≪전집≫ 제32권 93~94쪽을 보시오).

시작해 종합을 통해 과학적 체계를 재구성한다고 지적했다. "후자가 명백히 옳은 방법이다. 구체적 개념이 구체적인 이유는 그것이 많은 정의들의 체계이고 따라서 다양한 측면의 통일을 나타내기 때문이다."

마르크스는 '구체적 전체성'과 '개념적 전체성' 사이에 매우 중요한 구분을 했다.[50]

* * *

옥스퍼드의 수학자인 찰스 도지슨 목사가 루이스 캐럴이라는 필명으로 쓴 《이상한 나라의 앨리스》(1865년)에서 개념을 아주 생생하게 묘사했다. 1장에서 앨리스는 "불 꺼진 초의 촛불을 단 한 번도 본 적이 없었으므로 그것을 상상하려고 애썼다."

그리고 6장에는 훨씬 더 사실적인 묘사가 나와 있다. 체셔 고양이는 "매우 천천히 꼬리부터 사라지더니 마침내 몸 전체가 다 사라진 후에는 기분 나쁜 웃음만을 잠시 남겼다."

* * *

개념 체계의 고전적인 예로서 2000년이 넘도록 도전받지 않은 유클리드 기하학을 들 수 있다.

유클리드는 탈레스를 필두로 한 그의 선배들을 따라 일련의 추상적 개념들을 사용했다. 그는 《기하학 원론》에서 무차원의 점, 1차원의 선, 2차원의 면, 3차원의 공간을 사용해 기하학의 광대한 개념 체계를 구축했다.*

과학의 다른 분야에서는 개념 체계의 정립이 더 복잡한 작업이라는 사실이 드러났다.

1846년에 패러데이는 친구에게 보낸 편지에서 다음과 같이 썼다. "내가 감히 주장하는 견해는 …… 에테르[빛, 열, 전자기 현상의 가상적 매체 — 옮긴이]는 기각하지만 진동은 기각하려 하지 않는다."[51]

맥스웰은 캐번디시 연구소의 교수로 취임(1871년)하는 강연에서 "정신을 기호에서 사물로 비틀었다가 다시 사물에서 기호로 비트는 것, 그것이 우리가 치러야 하는 대가"[52]라고 불평했다.

이론 물리학에서 맥스웰이 이룩한 성과는 대단했지만 그는 결국 에테르를 기각하지는 못했다. 잘 알려진 대로 에테르 개념은 아인슈타인이 '상대성 이론'을 발표한 1905년이 돼서야 기각됐다.

근래에 위대한 박물학자 달시 톰슨은 생물학자들에게 다음과 같이 조언했다. "수학자들에게서 소거하고 폐기하는 법을 배우시오. 모든 우연성을 배제하고 단일한 경우, 그 전형에만 유념하는 법을 말이오."[53]

연구 결과는 연구자의 관점에 따라 다를 수 있다

뜨거운 물에 담갔던 손을 따뜻한 물속에 넣으면 차갑게 느껴질 것이

---

* 이 방법은 광선을 직선으로 표현하는 기하광학과 힘의 작용을 직선으로 나타내는 도해 정역학에서 사용돼 제한적이나마 큰 성공을 거뒀다. 카르노는 '이상 기관'이라는 개념적 추상을 사용했고(《자연 변증법》 232쪽에 나오는 엥겔스의 논평을 보시오), 분자 물리학은 '이상 기체'의 개념을 사용했다. 켈빈은 온도를 측정하는 물질의 영향을 받지 않는 '이상적[절대] 온도'의 개념을 사용했다. 모리스 클라인은 이런 방법을 "웃음은 잡아 놓고 고양이는 보내기"라고 적절하게 묘사했다.[54]

다. 반대로 얼음물에 담갔던 손을 차가운 물에 넣으면 따뜻하게 느껴질 것이다.

"해는 동쪽에서 뜨고 서쪽으로 진다"는 말은 열대지방이나 온대 지방에서는 분명히 참말이다. 그러나 남극과 북극에서는 몇 달 동안 해가 아예 뜨지 않거나 지지 않는 경우도 있다.

아프리카 서해안을 따라 남쪽으로 항해한 초기의 탐험가들(헤로도토스에 따르면 페니키아인들)은 해가 왼쪽에서 뜬다고 느꼈다. 어느 날 해가 오른쪽에서 뜨자 그들은 희망봉을 돌았다는 사실을 깨달았다.

멈춰 서 있는 사람에게 수직으로 떨어지는 것처럼 보이는 빗방울은 움직이는 사람에게는 비스듬히 떨어지는 것처럼 보인다.

아인슈타인이 그랬듯이, 달리는 기차에서 떨어지는 돌을 관찰해 보자. 우리가 기차를 타고 있다면 돌은 수직으로 떨어지는 것처럼 보인다. 그러나 우리가 철로 옆에 있다면 돌이 곡선을 그리면서 움직이는 것처럼 보이는데, 이것은 두 가지 운동의 효과 때문이다. 앞으로 나아가는 기차의 운동과 땅을 향해 떨어지는 운동이 바로 그것이다. 아인슈타인 상대성 이론의 기본 사상은 모든 것이 추상적인 '절댓값'으로 측정되는 것이 아니라 주어진 시간과 공간이라는 현실의 '틀'[관점 — 옮긴이] 안에서 측정된다는 사실이다.[55]

음향 현상인 '도플러 효과'는 모든 예리한 관찰자에게는 잘 알려져 있다. 소리의 근원, 즉 기적을 울리는 기차나 굉음을 내는 비행기가 가까이 다가올 때는 소리가 높게 들리고 멀어질 때는 낮게 들린다.

1842년에 도플러는 광학 현상에 관해 이런 효과를 처음으로 예견했다. 별과 같은 빛의 근원이 멀어지면 그 스펙트럼은 붉게 변하고 반대로 가까워지면 파랗게 변한다. 관측을 통해 이 효과가 확인되자 '팽창하는 우주'라는 허블의 이론(1925년)이 등장했다.[56]

* * *

이제 고전적인 예로 돌아가자. 지상에 있는 관찰자의 눈에는 태양과 달과 별들이 지구 주위를 맴도는 것처럼 보인다. 프톨레마이오스가 주창한 이 지구 중심 체계는 행성의 궤도를 계산하는 데 많은 어려움을 초래했다. 고대와 중세 천문학의 수수께끼를 벗기려고 고생해 본 사람이라면 누구나 카스티야의 '현자' 알폰소 왕이 내뱉은 불경한 말에 동의할 것이다. "우주가 만들어질 당시에 내가 있었다면 세계를 더 간단하게 만들라고 제안했을 것이다."

코페르니쿠스는 지구가 자전축을 중심으로 매일 회전하는 자전과 태양을 중심으로 회전하는 1년 주기의 공전을 구분했다. 그는 태양계의 중심을 지구에서 태양으로 옮겼고 그렇게 함으로써 "외부 행성들"*의 역행 운동을 설명할 수 있었을 뿐 아니라 더 중요하게는 여섯째 행성을 발견했는데, 그것이 바로 지구였다. 코페르니쿠스의 ≪천체의 회전≫(1543년)은 천문학과 인류의 세계관에 새로운 지평을 열었고 훗날 갈릴레이와 케플러와 뉴턴의 연구를 가능케 해 줬다.** 엥겔

----

* 그 당시에는 화성, 목성, 토성이었다.
** 기원전 3세기에 폰투스의 헤라클리데스는 지구가 자전축을 중심으로 회전한다고 주장했다. 사모스의 아리스타르코스는 지구가 태양 주위를 돈다는 주장을 폈다고 하며, 그 때문에 훗날 "고대의 코페르니쿠스"라는 이름을 얻었다. 박학다식한 레오나르도 다빈치도 코페르니쿠스 전에 이런 견해를 주장했다.

스의 표현을 빌면 그것은 신학에 대한 자연과학의 "독립 선언문"이었다.[57]

마르크스는 자신이 "경제적 사회구성체의 발전을 하나의 자연사적 과정[으로 보는] 관점"을 갖고 있다고 설명했다.[58] 마르크스주의자는 역사를 인류의 이익이라는 관점, 즉 사회주의 사회의 혁명적 수립이라는 관점에서 역사를 본다.

레닌은 "계급투쟁에서 비롯해 그 영향을 강하게 받는 사회에서 '불편부당한' 사회과학은 있을 수 없다"[59]고 강조했다.

마르크스와 엥겔스가 20세기까지 멀리 내다볼 수 있었던 것은 바로 이러한 관점 덕분이었다. 로자 룩셈부르크 말대로 "그들의 예언자적 안목"은 "미래가 잉태하고 있는" 사건들을 꿰뚫어 보고 있었다.[60]*

트로츠키는 《공산당 선언》에 관해 이렇게 썼다. "확실히 그 약관의 저자들(마르크스 29세, 엥겔스 27세)은 이전의 어느 누구보다, 그리고 어쩌면 이후의 어느 누구보다도 멀리 미래를 꿰뚫어 볼 줄 알았다."[61] 설사 그들이 혁명적 사건들의 속도에 대해 지나치게 낙관적이

---

* 과학적 세계관과 정치적 통찰 덕분에 마르크스와 엥겔스는 마치 예언자처럼 보인다. 엥겔스의 자잘한 예견들을 보려면 《전집》 2권에 실린 프리드리히 빌헬름 2세에 관한 그의 논평을 볼 것. 마르크스는 《브뤼메르 18일》(1851~1852년)을 다음과 같은 예견으로 끝맺는다. "나폴레옹의 동상은 방돔 광장 전승기념비의 꼭대기에서 떨어질 것이다." 이 예언은 1871년 5월 16일 파리코뮌의 참가자들이 동상을 끌어내림으로써 문자 그대로 실현됐다. 나폴레옹 3세가 스당에서 항복하기 8일 전에 엥겔스는 〈폴 몰 가제트〉에 익명으로 기고한 일련의 글에서 나폴레옹 3세의 패배를 예견해 '장군'이라는 별명을 얻었다. 레닌은 《예견》(1918년)에서 엥겔스가 그의 사후 25년 동안 벌어진 사건들을 예견하는 능력이 있었다고 논평했다.

었다면 그건 그들이 "높은 산 정상에서 내려다봤기 때문에 멀리 있는 것들이 실제보다 더 가까워 보인 탓"[62]이었다.

과학 법칙과 과학 이론은 제한된 일반화다

사실들과 관찰 결과들을 모은 다음에는 그것들 사이의 내적 연관을 밝혀 규칙성에 대한 통찰, 즉 '법칙'들을 보여 주고 관찰한 사실들을 적절하게 설명할 수 있도록 일반화한다. 이것이 바로 '이론'이다.

사실들은 일정한 '패턴'에 맞게 정리해야 한다. 푸앵카레는 "집을 벽돌로 지었듯이 과학은 사실들로 이뤄진다. 그러나 벽돌 더미가 집이 아닌 것처럼 사실들의 축적이 곧 과학은 아니다"[63]고 지적했다.

관찰한 현상의 규칙성에서 도출한 '법칙' 중 최초의 것은 십중팔구 고대 칼데아의 목동들이 밤하늘에서 발견한 별들의 운동일 것이다.

우리는 자연의 규칙성을 받아들이지 않을 수 없는 경우가 때때로 있다. 다윈은 그의 방대한 관찰을 기록하던 중 사실들이 "하위 법칙들 아래 명확히 통합되기"[64] 시작한다는 것을 깨달았다.

그러나 이러한 법칙을 그것이 타당한 범위를 넘어 적용하는 것은, 다시 말해 부당하게 '외삽外揷'[미지의 사실을 기존 사실에서 추정하는 것을 지칭하는 통계학 용어 — 옮긴이]하는 것은 심각한 오류일 것이다.

* * *

집을 떠나 멀리 여행할 일만 없다면 지구가 평평하다고 봐도 상관 없을 것이다. 수백 년 동안 사람들은 이것이 매우 제한되고 평범하고 재미없는 관점이라고 생각하지 않고 용케도 잘 살아 왔고, 아직도 많은 이들은 그렇게 살고 있다.[65]

그러나 대륙 사이를 항해하려면 지구가 둥글다는 사실을 고려할 필요가 있었다. 이 문제는 과학적 호기심이나 고대 그리스인들의 철학적 사변의 대상*으로 남아 있다가 1492년에 콜럼버스가 인도로 가는 서쪽 항로를 찾아보자고 제안하면서 역사상 매우 중요한 쟁점이 됐다.

제트 비행기나 로켓처럼 더 정밀해야 할 경우, 지구가 적도 부근은 약간 불룩하고 극지방은 약간 평평한 일종의 '타원체'라는 사실을 고려해야 한다. 이 사실은 ≪프린키피아≫(1686년)에서 뉴턴이 먼저 이론적으로 예견했고, 호이겐스가 실험으로 입증했으며, 프랑스 대혁명 후에 프랑스인들이 측량해 기록했다.

지구가 둥글다는 깨달음 때문에 위와 아래는 그 '절대적' 의미를 상실하고, 추선이나 낙하체의 방향에 따라 결정되는 '수직선'은 '지역적 진리'의 범위를 벗어나지 못하게 된다.

---

* 서양 최초의 철학자 탈레스는 지구가 평평한 원판이라고 생각했다(쉽게 상상할 수 있겠지만 그는 이것으로 일식을 '설명'할 수 있었다). 피타고라스는 지구가 공 모양이라고 생각했는데, 구∞가 '수학적으로' 완벽한 입체였기 때문이다. 탈레스는 아마 간접 측량 방법을 사용한 최초의 인물일 것이다. 그는 피라미드의 그림자 길이를 측정해 그 높이를 계산했다. 그는 먼 바다에 있는 배까지의 거리를 추산하기도 했다. 에라토스테네스(기원전 250년경)는 탈레스의 방법을 확장했다. 그는 대담하게도 이집트의 작은 구석을 측정해 지구의 둘레를 추산했고, 별들의 위치를 측정해 지구상의 거리들을 계산했다.[66]

1957년 10월 4일 초속 약 8킬로미터의 속도로 지구를 떠난 로켓이 최초의 인공위성 스푸트니크를 궤도에 올려놓았을 때, "올라간 것은 내려오게 마련"이라는 격언은 의심스러운 것이 돼 버렸다.

수압 펌프의 작용을 설명하는 원리라고 아리스토텔레스가 말한 "자연은 진공을 혐오한다"는 격언은 갈릴레이가 냉소적으로 말했듯이 높이 10.36미터 이하의 물에 한해서만 옳다.*

두 점 사이의 가장 짧은 거리는 직선이라는 유클리드 기하학의 보조 정리는 평면 위에서만 참이다. 구면 위에서 두 점 사이의 최단 거리는 대원大圓의 호弧이다.**

데카르트가 수학 혁명을 일으키고 2년 뒤인 1639년에 또 다른 프랑스 사람 데자르그는 ≪사영射影 기하학≫을 저술했다. 그는 지도 제작자와 화가의 눈을 빌려서, 무한대에서 교차하는 평행선을 비롯한 비非유클리드 기하학의 개념들을 도입했다. 그렇지만 기하학 같은 추상적 학문에서도 사고의 관습은 고치기 힘든지라, 데자르그는 무시당했고 그가 쓴 책은 모두 사라졌으며 그의 사상은 200년 뒤에야 겨우 그와 동시대인이 만든 필사본에서 온전하게 발견됐다.[67]

직선 밖의 한 점에서 이 점을 지나서 주어진 직선과 만나지 않는 직선을 꼭 한 개 그을 수 있다는 유클리드의 '제5 공준'(때때로 평행선

---

* 1643년에 갈릴레이의 문하생인 토리첼리는 수압 펌프의 작용을 대기의 압력과 관련 지어 설명했고, 1651년에 게리케는 일련의 극적인 실험으로 이를 입증했다.

** 시간상으로 '자유낙하'하는 물체의 최단 거리, 즉 가장 빠른 하강 곡선('최속강하선')은 사이클로이드[한 원이 일직선 위를 미끄러지지 않고 굴러갈 때, 이 원의 원둘레 위의 한 정점定點이 그리는 자취 — 옮긴이]의 호라는 사실을 1696년에 요안 베르누이가 발견했다.[68]

의 공리라고도 부르는)에 도전장을 내민 사람들은 헝가리의 볼리아이 (1823년), 러시아의 로바체프스키(1826년), 독일의 가우스(1831년)와 리만(1854년)이었다. 이들은 이 공리가 필요 없는 새로운 기하학 개념 체계를 세워 기하학과 물리학에 새로운 지평을 열었다. 젤도비치는 그들의 업적을 두고 "아인슈타인의 '상대성 이론'이라는 천둥번개를 예고한 섬광"으로 적절하게 묘사했다.[69]

20세기가 시작될 무렵 유클리드 기하학은 아인슈타인의 '상대성 이론'(1905년)에 필요한 물리적 공간을 묘사하기에는 부적절하다고 판명됐고, 그래서 1908년에 헤르만 민코프스키는 비유클리드 기하학의 공간 개념을 소생시켜 4차원 시공간 연속체를 도입해야 했다.[70] 그래서 어떤 과학자들은 그토록 만족스러웠던 유클리드 기하학을 아쉬워하면서 한숨을 내쉬기도 했다.

또 다른 탐구 분야인 통계학에서는 미국의 기브스가 '초공간'*이라는 개념을 사용하지 않으면 안 된다는 사실을 깨달았다(1901년).

달시 톰슨은 자연을 연구한 결과 벌들의 세계가 4차원일지도 모른다는 재미있는 지적을 했다.[71]

스타인메츠가 알아차렸듯이 수학의 진리는 모두 상대적 진리다.[72]**

이러한 사실에 주목한 최초의 수학자는 아마 15세기에 살았던 니콜라스 쿠사누스 대주교일 것이다. 그는 유한한 양에 적용되는 규칙이 무한대와 무한소에는 적용되지 않는다고 주장했다.[73]***

---

* 이 개념은 초등 대수학에서 나타날 수도 있다.[74]
** 예를 하나만 들자면, 소수를 구하는 오일러의 공식 x^2-x+41은 x=0, 1, ······ 39, 40일 때만 참이고 x = 41부터는 성립하지 않는다.[75]

≪반뒤링론≫에서 엥겔스는 기체의 부피와 압력의 관계에 관한 보일의 법칙이 제한된 범위 안에서만 유효하다는 사실에 주의를 환기시켰다.[76] ≪자연 변증법≫에서 그는 달과 태양에는 물이 없으므로 끓는 물에 관한 법칙은 지역적이고 역사적이며 결코 영원하지 않은 법칙이라고 지적했다.[77]

비록 의도하지는 않았지만 19세기에 프랑스 유물론의 초석을 놓은 데카르트는 동물을 일종의 기계로 묘사했다. 라메트리는 그런 관점을 취해 익명으로 출간한 ≪인간 기계≫에서 그 논리적 귀결을 발전시켰다.[78]

1840년대에 헬름홀츠 학파*의 '환원주의자들'은 유기체의 생리 작용이 궁극적으로는 물리 작용이자 화학 작용이라는 사실을 증명하기로 결심했다. 그들의 반대편에는 생명을 '생기'라는 초월적 개념으로 설명하려는 리비히 학파의 '생기론자'들이 있었다.

1828년 휠러가 무기물을 합성해 요소라는 '유기물'을 만듦으로써 논쟁이 일단락될 만도 했건만 논쟁은 19세기 내내 계속됐고 위대한

*** 아일랜드의 반동적 관념론자 버클리는 노예제 시대의 미국에서 잠시 머물렀고 훗날 아일랜드 클로인의 주교가 됐다. 오늘날 그는 극단적인 관념론 철학인 '유아론'('나 혼자'라는 뜻의 라틴어 'Solus ipse'에서 유래)의 주창자로 알려져 있다. 그는 수학을 탐구하기도 했는데, ≪분석가≫에서 '신앙심이 없는' 수학자들과 무한소無限小 개념에 대해 논쟁하면서 무한소를 "죽어 버린 양量의 유령"이라고 비꼬았다. 원래 조용히 있으려고 했던 매클로린은 이에 분노해 ≪미분론≫(1742년)을 썼다. 버클리는 철학의 역사에서 기묘한 위치를 점하고 있는 반면, 매클로린은 수학에서 명예로운 이름과 업적을 남겼다.[79]

* 헬름홀츠 학파의 다른 인물들로는 칼 루트비히, 에밀 뒤부아 레이몽, 그리고 에른스트 브뤼케가 있다. 프로이트가 브뤼케의 제자였다는 사실은 흥미롭다.[80]

멘델레예프도 1861년이 돼서야 '환원주의' 진영에 들어왔다.[81]

엥겔스에 따르면 유기물에 관해서도 "역학의 법칙들이 적용되지만, 더 높은 차원의 다른 법칙들에 의해 뒤로 밀려난다."[82] 그리고 "물론 생리학은 생명체의 물리학이자 특히 화학이지만, 이로써 생리학은 화학과는 다른 어떤 것이 된다. 한편으로, 생리학의 영역은 제한되지만, 다른 한편 그 영역 안에서는 화학보다 한 차원 높아진다."[83]

최근에 생화학자 조셉 니덤은 실험과 연구 끝에 유기물이 물리화학 법칙이 아니라 "더 높은 수준의 동일한 법칙"[84]을 따른다고 결론지었다.

* * *

"추상적 진리는 진리가 아니다. 철학은 추상적인 것을 가장 싫어하고 구체적인 것을 지향한다"고 헤겔은 강조했다.[85]

마르크스와 엥겔스는 헤겔을 좇아 진리는 구체적이라고 거듭거듭 주장했다.

≪공산당 선언≫에서 그들은 다음과 같이 부르주아 이론가들을 비판했다. "이기적인 오해 때문에 부르주아지는 현재의 부르주아 생산양식에서 비롯한 사회 형태들과 소유 형태들을 영원한 자연의 법칙과 이성의 법칙으로 바꿔 버린다. 그리고 이러한 오해는 부르주아지에 앞선 모든 지배계급도 공유하고 있었다. 그렇지만 특정 사회형태와 소유 형태는 생산이 진보함에 따라 나타났다 사라지는 역사적 관계들일 뿐이다."[86]

러시아의 한 평론가*가 ≪자본론≫에 관해 올바르게 지적했듯이 "그(마르크스)의 견해에 따르면 모든 역사적 단계에는 고유한 법칙이 있다. …… 그러나 하나의 발전 단계가 끝나고 다음 단계로 넘어가자마자 다른 법칙들이 적용되기 시작한다."[87]

미하일로프스키가 마르크스의 역사 유물론을 "초역사적 원리"로 묘사했을 때 마르크스는 "그는 나를 지나치게 칭찬함과 동시에 모욕하고 있다"고 항의하면서 역사철학적인 "만능열쇠" 따위는 없다고 단언했다.[88]

마르크스는 또한 추상적 인구법칙도 부정했다. "모든 발전 단계에는 고유한 인구법칙이 있다. …… 역사적으로 제한된 범위 안에서만 타당한."[89]

동물이 진화하듯이 인류의 역사가 다윈식의 '생존경쟁'이 연속된 것으로 보는 관점이 대두될 당시 엥겔스는 그런 견해를 이렇게 비판했다. "동물은 기껏해야 채집할 수 있을 뿐이지만 인간에게는 생산하는 능력이 있다. 인간은 가장 넓은 의미의 생활 수단을 준비한다. 인간이 없었다면 자연은 결코 이러한 생활 수단을 생산하지 못했을 것이다. 이러한 사실 때문에 동물 세계에 적용되는 삶의 법칙을 인간 사회에 곧바로 적용할 수는 없다."[90]

1865년에 엥겔스는 "우리는 소위 '경제법칙'이 영원한 자연법칙이 아니라 나타났다 사라지는 역사적 법칙이라고 본다"[91]고 지적했다.

≪반뒤링론≫에서 그는 "정치경제학은 역사적 시기와 나라에 따라 다르다. …… 정치경제학은 …… 본질적으로 역사적 학문이다. 정치경제학이 다루는 대상은 역사적이고 따라서 끊임없이 변화하는 대상이다."[92]

✦   1872년 5월 〈페테르부르크 유럽 메신저〉에 실린 ⅠⅠ 카우프만의 글.

트로츠키는 다음과 같이 말했다. "마르크스의 목적은 '영원한 경제 법칙'을 발견하는 것이 아니었다. 그는 그러한 법칙이 존재한다는 것을 부정했다. 인간 사회의 발전사는 각자 독자적인 법칙에 따라 작동하는 다양한 경제체제의 발전사다."[93]

플레하노프는 모든 법칙이 제한된 범위 안에서만 타당하다는 점을 보여 주기 위해 다음과 같은 생생한 사례를 들었다. 빵을 먹고 있는 사람을 보자. 빵이 일단 위 속으로 들어가면 소화의 법칙이 적용된다. 그러나 그가 케이크가 아니라 빵을 먹는 것을 결정하는 법칙은 경제 법칙이다.[94]

변증법은 영원불변의 추상적 진리라는 개념을 배격한다. 레닌은 헤겔과 마르크스를 좇아 "변증법의 근본 전제는 추상적 진리 따위는 없다는 것, 진리는 언제나 구체적"[95]이라고 말했다.

* * *

다음으로 넘어가기 전에 1922년에 닐스 보어가 주창한 '대응 원리'라는 심오한 사상에 대해 간단히 살펴보자. 닐스 보어는 물리학의 '새로운' 법칙이 '고전'물리학의 법칙을 포함해야 한다고 지적했다. 상대성 이론의 등식은 물체의 속도가 빛의 속도에 견줘 아주 작을 때는 고전물리학의 등식으로 바뀌어야 한다. 마찬가지로, 양자 법칙도 플랑크 상수 h를 0으로 놓으면 고전적인 법칙이 된다.*

---

* 간단한 예를 들자면, x, y, z로 이뤄진 입체 좌표 기하 방정식은 z가 0일 때는 평면 좌표 기하 방정식으로 바뀐다. 빛이 파동이라는 이론은 파장이 0에 가까워지면 기하 광학과 비슷해진다. 또한 정역학의 법칙은 특수한 유형의 동역학 법칙이라고 여길 수

아인슈타인과 인펠트에 따르면 "새 이론은 옛 이론의 한계뿐 아니라 장점도 보여 주고, 우리가 더 높은 수준에서 개념을 정리할 수 있게 해 준다."[96]

* * *

마르크스가 1857~1858년에 쓴 미완성 초고에는 이와 비슷한 일련의 생각이 엿보인다. "인간의 해부학은 원숭이 해부학의 열쇠다. 반면에, 하등동물의 더 진보한 형태의 조짐을 이해하기 위해서는 더 진보한 형태를 이미 알고 있어야 한다. 따라서 부르주아 경제는 과거의 경제를 이해하는 데 도움을 준다."[97]

있다. 닐스 보어의 기고문 《철학자인 과학자 아인슈타인》(1949년)과 드브로이가 쓴 《물리학의 혁명》(1954년) 제7장. 그리고 《소립자 물리학의 철학적 문제들》(모스크바, 1968년) 특히 411쪽 이하 참조.

06

대립물의 통일

형이상학적 사고에 따르면, 현상은 선과 악, 사랑과 증오, 삶과 죽음, 참과 거짓 등 고정불변의 대립물로 나뉜다.

반면에, 변증법적 사고는 대립물의 공존뿐 아니라 대립물의 통일, 상호 침투, 상호작용, 상호 변화를 인정한다.

마르크스는 헤겔에 대해 이렇게 썼다. "가장 심오하지만 기이한 이 사상가는 인간의 활동을 좌우하는 원칙들을 연구했는데, 자신이 양극단 접촉의 법칙이라고 부른 것이 자연의 주요 비밀 가운데 하나라고 항상 격찬했다. 헤겔은 '극과 극은 서로 통한다'는 시기적절한 격언이 삶의 모든 측면에 들어맞는 훌륭하고 강력한 진리라고 봤다. 그는 그 법칙을, 천문학자에게 필수적인 케플러의 법칙이나 뉴턴의 위대한 발견과 마찬가지로 철학자에게 필수불가결한 공리로 여겼다."[1]

엥겔스는 "일반인의 의식에 스며든 변증법은 오래된 속담, 즉 극과 극은 서로 통한다는 말로 나타낼 수 있다"[2]고 썼다.

'선'과 '악'

일상적 경험에서 알 수 있듯이 똑같은 사람이 때에 따라서는 '선'하기
도 하고 '악'하기도 하다. 실제로 줄곧 선하기만 하거나 줄곧 악하기만
한 사람은 아무도 없다. 다른 어떤 범주도 마찬가지다.

　프랑스의 시인 보들레르는 이렇게 말했다. "모든 사람은 두 가지 열
망, 즉 하느님을 향한 열망과 사탄을 향한 열망을 동시에 품고 있다."[3]
톨스토이는 이 사실을 매우 설득력 있게 표현했다.

　가장 널리 알려진 미신 가운데 하나는 모든 사람이 고유한 성격을 지닌
다는 것이다. 누구는 인정이 많지만 누구는 잔인하고, 누구는 현명하지
만 다른 누구는 어리석으며, 아무개는 능동적인 반면 다른 아무개는 수
동적이라는 등 뭐 그런 식이다. 그렇지만 인간은 결코 그런 존재가 아
니다. 오히려 우리는 누군가에 대해 말할 때 그가 잔인할 때보다는 인
정이 넘칠 때가 많다거나, 어리석을 때보다 현명할 때가 많다거나, 수동
적일 때보다 능동적일 때가 많다거나, 또는 그 반대라고 말할 수 있다.
그렇지만 어떤 사람은 인정 많고 현명하며, 다른 사람은 사악하고 어리
석다고 말하는 것은 올바르지 않다. 그런데도 우리는 늘 이런 식으로
사람을 분류하는데, 이것은 잘못된 것이다. 사람은 강물과 같다. 어느
강이든지 흐르는 물은 똑같다. 그렇지만 어느 강에서든 폭이 좁고 물살

이 센 곳이 있는가 하면 폭이 넓고 물살이 느린 곳이 있게 마련이다. 강물이 맑거나 탁한 것, 차갑거나 따뜻한 것도 마찬가지다. 사람도 다르지 않다. 사람에게는 모든 인간 특성의 맹아가 들어 있다. 그렇지만 어떤 특성이 눈에 띄게 나타날 때도 있고 다른 특성이 두드러질 때도 있어서 똑같은 사람이 가끔은 전혀 딴 사람이 되는 것이다.[4] (강조는 나의 것)

사랑과 증오

심리학 분야에서 사랑과 증오는 단지 반대되는 감정일 뿐 아니라, 공존하며 서로 관통하는 감정이다.

고대인들은 이 사실을 알고 있었다. 기원전 5세기에 시칠리아의 아크라가스에 살았던 엠페도클레스는 "사랑과 증오가 세상을 움직인다"[5]*고 가르쳤다.

천재 문인 셰익스피어는 이 사실을 직관적으로 깨닫고, 129번 소네트에서 이렇게 노래한다.

넋을 잃고 쫓아다니지만, 막상 얻고 나면
원수가 따로 없네.

----

* 엠페도클레스는 인력과 척력, 액화와 기화도 이를 통해 표현했다. 항상 그렇듯이 여기서 우리는 고대인들이 의도했던 것과 다른 의미로 낱말을 해석하지 않도록 주의해야 한다.

셰익스피어는 또한 줄리엣의 입을 빌어 탄식한다. "나의 유일한 사랑은 나의 유일한 증오에서 피어났구나!"[6]

톨스토이의 심리적 통찰은 심오하다. "사랑할 때가 증오할 때다. 설익은 사랑은 증오 또한 옅게 마련이고, 열렬한 사랑은 증오 또한 강렬하다. 당시 우리는 이런 사랑과 증오가 동일한 사물의 서로 다른 측면이며 똑같은 동물적 감정이란 사실을 깨닫지 못했다."[7]

도스토예프스키가 남긴 불후의 명작들에도 정반대 감정의 상호작용이 주로 나타나 있다. 도스토예프스키의 전기를 쓴 어느 작가는 그를 "불처럼 뜨거우면서도 얼음처럼 차가운 사람"으로 묘사했다.

마르크스의 딸 엘리너는 감동적인 회고록에서, 아버지가 "깊이 사랑할 수 있었기 때문에 지독하게 증오할 수도 있었다"[8]고 말했다.

D H 로렌스의 작품 대부분은 이 사랑과 증오의 테마를 다룬 것들이다. ≪아들과 연인≫(1913년)에는 이런 구절이 나온다. "그녀와 가까워짐으로써 고뇌에 빠지게 되자 그는 이제 다시 그녀를 미워하게 됐다. 그러면서도 그녀를 사랑하고 있었다."[9] ≪무지개≫(1929년)에는 "다정하면서도 냉랭한 마음"[10]이 나오고, 이런 구절도 나온다. "그래서 그들 사이의 사랑과 갈등의 순환은 계속됐다. 어떤 날은 모든 것이 산산조각 나서 생활 전체가 엉망진창이 돼 무너져 내리고, 처량해지고, 황폐해진 듯했다. 그렇지만 그 다음 날은 다시금 모든 것이 그저 경이로웠다. 어떤 날은 그가 곁에 있다는 사실만으로 그녀는 미칠 것 같았고, 그가 술 마시는 소리까지 혐오스러웠다. 그러나 그 다음 날, 그는 그녀에게 태양이자 달이자 별이었고 그의 걷는 모습도 사랑스러웠다."[11]

프로이트는 심리를 과학적으로 연구하기 한참 전인 1882년에 약혼녀에게 보낸 편지에서 이렇게 말했다. "오직 논리학에서만 모순이 공존할 수 없소. 사람의 마음속에는 대립되는 감정들이 거리낌 없이 함께 존속한다오."[12]

프로이트는 블로일러가 이런 현상을 설명하기 위해 만들어 낸 '반대 감정 병존'이라는 용어를 즉시 받아들였다.[13]

클라크 대학교 강연(1909년)에서 프로이트는 "본능은 반대되는 것들의 쌍으로 나타난다"[14]고 지적했다.

1937년에 그는 이렇게 썼다. "많은 본능이 거의 처음부터 반대되는 것들의 쌍으로 나타나는 것은 놀라운 현상인데, 일반인에게는 완전히 생소한 것이다. 이 현상을 반대 감정 병존이라고 부른다. 또한 정신분석학에 따르면 동일한 사람에 대해 모순되는 감정들을 느끼는 경우도 많다."[15]

프로이트는 그가 마지막으로 쓴 미완성의 저작 ≪정신분석학 개요≫(1938년)에서 엠페도클레스의 철학적 직관을 인정하고 이렇게 썼다. "이처럼 두 본능은 서로 작용과 반작용을 하면서 온갖 종류의 생명 현상을 가능하게 한다. 이 두 가지 기본 본능에 관한 비유는 생물의 세계뿐 아니라 무생물의 세계를 지배하는 대립하는 힘들, 즉 인력과 척력에도 확대 적용할 수 있다."[16]

이것은 결코 우연한 관찰이 아니라 정신분석학의 근본 원리 가운데 하나를 설명한 것이다.* 프로이트는 "완고한 이원론자二元論者"라고

---

* 특히 다음을 참조하시오. ≪성 이론에 관한 세 편의 기고문≫(1938년), 598쪽 이하.

비난받았고, "대립되는 두 힘의 상호작용을 이론의 기반으로 삼는 매우 독특한 유형의 변증법적 사고의 소유자"로, 또한 "모든 주제를 두 가지 대립물로 나눠 생각하는" 사람으로 매도당했다.[17]

고통과 쾌락

먼 옛날 고대인들도 고통과 쾌락 사이의 깊은 연관성을 이해하고 있었다.* 주제에서 다소 벗어나기는 하지만, 몇몇 시인과 문호들이 어떤 얘기를 하는지 잠시 들어 보자.

셰익스피어의 ≪로미오와 줄리엣≫(2막 3장)에서 줄리엣은 "이별은 너무나 감미로운 슬픔"이라고 부르짖는다. ≪뜻대로 하세요≫(6막 3장)에는 "달콤하고도 쓰디쓴 음식"이라는 구절이 있고, ≪실수 연발≫(1막 1장)에는 "즐거운 형벌"이 있다. 그리고 ≪안토니우스와 클레오파트라≫(5막 2장)에는 이런 대사가 나온다. "죽음의 도래는 연인이 꼬집는 것처럼 고통스러우면서도 갈망하는 것이다."

존 셀든(1584~1654년)은 "쾌락은 고통이 잠시 멈춘 것일 뿐이다"고 말했다. 존 드라이든(1631~1700년)에 따르면, "고통 뒤에 오는 쾌락은 달콤하다." 그리고 윌리엄 콩그리브(1670~1729년)는 "나는 괴롭히는

≪토템과 터부≫, 2장. ≪자아와 이드≫(Hogarth), 59쪽. ≪쾌락 원칙을 넘어서≫(Hogarth), 68쪽. 또한 캘빈 S 홀의 ≪정신분석 입문≫(Mentor, 1954년), 91쪽 이하 참조.
* 해블록 엘리스가 쓴 ≪성 심리에 관한 연구≫ 2부 2절은 1903년까지의 문학을 요약하고 있다.

것을 즐긴다"고 썼다.

하인리히 하이네는 "황홀한 고뇌와 행복한 고통/공포와 환희!"를 노래했다. 그의 인생에서도 그랬듯이, 하이네의 시에서도 사랑과 고통은 같은 것이다.

모파상의 ≪올리브 과수원≫에는 "밉지만 사랑스런 미소의 심술궂은 매력"에 관한 얘기가 나온다.

고통을 가하면서 느끼는 쾌감('사디즘')과 고통을 당하면서 느끼는 쾌감('마조히즘')은 상호 보완적 증상으로서, 분리하거나 구별하기 힘들다.[*]

해블록 엘리스는 이 '가장 어렵고 가장 근본적인 문제'를 탐구하면서 심리학자 부르다흐의 말을 인용한다. "고통과 쾌락의 결합이야말로 관능적 감각을 구성하는 요소다."[18] 부르다흐는 또한 "여자를 찾는 생물학적 조건 때문에 남자는 순종적일 뿐 아니라 공격적이기도 하다"[19]고 지적했다. 그는 '사디즘'과 '마조히즘' 사이에는 "실질적 경계선이 없다. …… 그러므로 그것들은 반대되는 현상이라고 볼 수 없다"[20]고 결론짓는다.

더 훗날의 저자들은 이런 현상을 '사도-마조히즘'이라는 합성어로 표현했다.

프로이트는 "모든 고통은 그 자체로 쾌감의 가능성을 포함한다는

---

[*] '사디즘'과 '마조히즘'은 각각 프랑스의 후작이자 작가인 사드(1740~1814년)와 오스트리아의 소설가 마조흐(1836~1895년)의 이름을 따서 비엔나의 폰 크라프트-에빙 교수(1840~1902년)가 1882년에 고안해 낸 용어다(크라프트의 선구적 저서는 ≪성 정신병≫(1886년)이다).

주장도 있다"[21]고 지적하면서, '사디즘'과 '마조히즘'은 "반대되는 본능의 쌍"을 "대표하는 가장 중요한 실례"[22]라고 말했다.

프로이트는 《쾌락 원칙을 넘어서》(1920년)에서 이런 현상을 새로운 차원에서 연구해 초기 문헌에서 빠져 있던 부분을 채워 넣었다. 여기서 그는 '쾌락-고통 원리'를 말하고 있다. 이런 맥락에서 해블록 엘리스의 평가는 음미할 만하다. "프로이트가 손을 대기만 하면 모든 것은 새로운 의미를 얻게 되고 중요해진다. 그것은 정말이지 천재만이 할 수 있는 일이다."[23]

삶과 죽음

인간은 오래 전부터 삶과 죽음이 별개의 것이 아니라 상호 연관된 현상이라는 사실을 직관으로 알고 있었다. 많은 신화 속에서 신들은 '창조자'일 뿐 아니라 '파괴자'이기도 하다.

생명 작용, 즉 '신진대사'는 성장 활동인 '동화작용'과 쇠퇴 활동인 '이화작용'으로 이뤄진다는 사실은 이제 평범한 과학 상식이다. 정상적 조건의 어린이라면 '성장하는 힘'이 '죽어 가는 힘'을 이기게 마련이다. 어른이 되면 두 힘은 비슷해져, 비록 살아 있는 조직이 죽은 조직을 갈아치우지만 눈에 띄는 성장도 멈춘다. 늙으면 '죽어 가는 힘'이 두드러지면서 마침내 죽게 되는 것이다. 베르나르의 적절한 정의에 따르면, "생명은 죽음에 저항하는 작용들의 협주곡이다."[24]

삶과 죽음은 상호 연관된 현상이며, 서로 대립하는 힘들이 지속적으로 충돌한 결과다.

이 사실의 철학적 중요성에 주의를 환기시킨 사람은 헤겔이었지만, 헤겔의 동시대인인 괴테는 이것을 시로써 노래했다.

요람에서 무덤까지는

영원한 바다 ……[25]

엥겔스는 이렇게 지적했다. "생명도 하나의 모순인데, 사물 자체와 과정 자체에 존재하면서 끊임없이 생겨나고 사라지는 그런 모순이다. 그리고 그 모순이 없어지는 순간 생명도 끝난다."[26]

간단히 말하자면, "살아가는 것은 죽어 가는 것이다."[27]

프로이트는 꽤 일찍이 1910년에 자살 — '자기 자신에 대한 사형' — 의 동기를 발견했다. 그것은 바로 무의식적 자기 파괴 의지가 순간적으로 자기 보존 의지보다 강해지는 것이다.[28] 그렇지만 그것은 [절망의 — 옮긴이] 폭발점으로, 실패하고 나면 일생 동안 재발하지 않을 공산이 크다.*

만년에 프로이트는 본능에 관한 이론을 연구하던 중 생존 본능에 대립되는 개념으로서 '죽음의 본능'을 제시했다. 그의 주장에 따르면 '에로스'는 언제나 '타나토스'에 대립한다.**

---

* 법학자들은 이 사실을 직관적으로 알고 있다. 자살 미수에 대한 처벌은 올바르게 처신하겠다는 '서약'이다.

** 특히 ≪쾌락 원칙을 넘어서≫ 68쪽 이하와 ≪정신분석학 개요≫ 6쪽 이하를 참조하시오. 해블록 엘리스는 성적 욕구를 충족한 뒤에 찾아오는 '이완'은 거의 죽음과 같

헤겔의 공식

≪논리학≫에서 헤겔은 대립물의 통일을 강조했다

"긍정과 부정은 서로 절대적으로 다른 것처럼 여겨진다. 그러나 그 둘은 근본적으로 같다. 어느 하나는 다른 것으로 바뀔 수 있다. 예를 들어, 채무와 채권은 각각 그 자체만으로 존재하는 별개의 재산 형태가 아니다. 채무자에게 부정적인 것은 채권자에게 긍정적이다. 동쪽으로 가는 길은 서쪽으로 가는 길이기도 하다. 그러므로 긍정과 부정은 본질적으로 서로의 전제 조건이 되며, 둘은 상호 관계 속에서만 존재한다. 자석의 S극은 N극 없이는 있을 수 없고 그 반대도 마찬가지다. 자석을 둘로 쪼갠다고 N극 자석과 S극 자석이 나오는 것은 아니다. 같은 원리로 양전기와 음전기는 두 가지 상이하고 독립된 전류가 아니다. 하나의 사물에 대립하는 것은 그 사물이 아닌 다른 무엇이 아니라 바로 그 사물 자체 내의 대립물이다."[29]

헤겔이 내놓은 사례들에 덧붙이자면, 대립물의 통일을 역학적으로 표현한 뉴턴의 정확한 공식을 예로 들 수 있다. 유명한 '운동의 제3법칙'에 따르면 "모든 작용은 항상 반대 방향으로 똑같은 크기의 반작용을 낳는다."(≪프린키피아≫, 1686년)

이 원리는 역사상 최초의 물리법칙 가운데 하나인 아르키메데스의 부력의 법칙(지렛대의 원리와 함께 발표된)에 이미 함축돼 있었다.

다고 말하면서 옛 속담을 인용했다. "모든 동물은 교미가 끝나면 슬퍼진다." D H 로렌스의 ≪아들과 연인≫에는 재미있는 구절이 있다. "죽음이나 내세에 대한 생각을 하면 즐거움과 위안을 느끼는 것처럼 보이는 이유는 뭘까?"[30]

부력의 법칙에 따르면, "물속에 떠 있는 어떤 물체의 무게는 그 물체가 밀어내서 흘러넘친 물의 무게와 같다."

* * *

이 원리의 기원은 기원전 6세기로 거슬러 올라갈 수 있다.

서양에서 두 번째 철학자(최초의 서양 철학자는 탈레스) 아낙시만드로스는 상호 보완하는 **추상적 '대립'**을 처음으로 발견했다.[31] 축축함과 건조함, 뜨거움과 차가움 등.

기원전 5세기에 헤라클레이토스는 '대립되는 긴장의 원리'를 발표했다.

대립물의 상호작용

대립물의 공존은 정태적이지 않다. 대립물은 상호작용하며, 서로 밀고 당긴다.

뉴턴의 말을 인용하면, "나는 여러 가지 이유로 모든 자연현상의 배후에는 지금까지 알려지지 않은 어떤 힘이 있어 물체의 입자들을 끌어당기고 일정한 모양으로 결집시키거나, 서로 밀쳐내고 멀어지게 하는 것이 아닌가 하고 생각한다."[32]

자극의 인력과 척력은 고대부터 알려졌고, 정전기의 인력도 그렇다. 정전기의 척력은 17세기의 독일 물리학자 게리케가 처음 발견했다.

엥겔스는 다음과 같이 말했다. "인력이 있으면 척력이 그것을 보완해야 한다. 그러므로 헤겔은 물질의 본질이 밀치기와 당기기라고 옳게 말했다."[33]

뉴턴은 '만유인력'의 법칙, 즉 모든 물체 사이에는 끌어당기는 힘이 존재한다는 것을 발견했다. 만약 우주에 인력만 있었다면 우주는 오래 전에 오그라들었을 것이다. 한때(1917~1931년) 아인슈타인은 '팽창하는 우주'를 설명하려고, 만유인력에 대립하는 우주 척력의 개념으로 제시된 '우주 상수'라는 공리를 사용했다.[34]

물리학자들은 분자 안에 인력뿐 아니라 척력도 있기 때문에 분자의 안정성이 유지된다고 설명한다.

수* ─ 유리수와 무리수

아마도 인류 역사상 최초의 '지적 위기'는 기원전 5세기 피타고라스 학파의 위기였을 것이다.

그들은 측량을 하기 위해 양의 정수를 사용하다가 $\sqrt{2}$와 같은 몇 가지 수數와 마주쳤는데, 그 수들은 일정한 수치, 즉 두 밑변이 1인 직각삼각형의 빗변의 길이 등을 나타내지만 두 정수의 비比로 표현할 수는 없는 수였다.

자신들이 부딪힌 문제를 드러내고 싶지 않았던 그들은 그와 같은

---

* 수학에 관한 엥겔스의 주장은 ≪자연 변증법≫(모스크바 판, 1964년) 261쪽 이후에서 볼 수 있다. 마르크스의 수학 관련 초고는 1983년 New Park 출판사에서 나왔다.

수를 '알로곤'(말할 수 없다는 뜻)이라고 이름 붙였다. 우리는 그것들을 '유리'수에 대립되는 개념으로서 '무리'수, 즉 비율로 나타낼 수 없는 수라고 부른다.

　그 '위기'는 그리스 시대에 이르러 에우독소스가 기하학으로 해결했고, 19세기에 와서야 칸토르나 데데킨트가 해석학적으로 해결했다. 18세기에 오일러의 '실수實數의 선線'에서 무리수는 유리수와 같은 반열에 오를 수 있었던 것이다.*

수 - 양수와 음수

고대가 낳은 최후의 위대한 대수학자代數學者, 테온(훗날의 알렉산드리아)의 디오판토스는** 음수의 존재를 알아챘지만 그것을 황당하고 불

---

* 　호그벤은 적절하게도 하나, 둘 세는 수를 '무리(떼)의 수'로, 양을 재는 수를 '들판의 수'로 이름 붙임으로써 둘 사이의 중요한 차이를 구분했을 뿐 아니라, 둘의 실용적 기원을 나타냈다.[35] 어디에서나 나타나는 숫자 '파이(π)', 즉 원주 대 지름의 비율은 정수가 아니다. 이 '위기'에 관한 논쟁을 알고 싶으면 특히 다음을 참조하시오. 패링턴B Farrington의 ≪그리스 과학≫(Pelican, 1949), 48~49쪽. 단치히T Dantzig의 ≪숫자 - 과학의 언어≫(A&U, 1930). 모리스 클라인의 ≪서양 문화에서의 수학≫(옥스퍼드 대학 출판부, 1953년), 35~38쪽.

** 　디오판토스(기원전 275년경)는 가장 오래된 것으로 알려진 대수학 논문을 쓰고 '아리스메티카(산수론)'라는 표제를 붙였다. 1000년 동안은 아무도 그를 뛰어넘지 못했다. 그는 대수방정식에서 이항移項하면 더할 항은 뺄 항이 되고 그 역도 참이라고 지적했다. 9세기에 아랍의 학자 모하메드 이븐 무사 알호와리지미도 그의 저서 ≪회수와 약분≫에서 같은 주장을 폈는데, '대수학'이라는 용어는 이 책의 원제목에서 따온 것이다.[36]

가능한 것으로 치부했고, 그 뒤로 1000년 동안 유럽의 수학자들은 흥미롭고 절대 필요한 음수의 세계를 탐구하는 데 실패했다.

처음으로 음수를 사용한 사람들은 아마 중국인들이었을 것이다. 그리고 7세기 인도에서 브라마굽타가 음수를 사용해 계산한 것을 우리는 알 수 있다.

13세기에 피사의 레오나르도라고 불렸던 피보나치가 음수를 써서 채무를 표현할 수 있음을 인정했다(1202년). 16세기 말이 돼서야 음수는 인정을 받게 됐다. 1629년 프랑스 사람 지라르는 음수를 기하학적으로 묘사하는 법을 보여 줬다.[37] 그렇지만 심지어 데카르트조차 음수를 '가짜 수'라고 불렀다.[38] 겨우 1659년에 와서야 허드가 양수뿐 아니라 음수도 될 수 있는 변수를 사용함으로써 수학 연구에서 음수라는 새로운 영역을 개척했다.

수 − '실수'와 '허수'

디오판토스는 '기호의 규칙'*을 제시하기도 했는데, 이것에 따르면 제곱해서 음수가 되는 수는 없다.

---

* 현대 기호 체계에서는 플러스 곱하기 플러스는 플러스($+ \times + = +$)이고, 플러스 곱하기 마이너스는 마이너스($+ \times - = -$)이며, 마이너스 곱하기 플러스는 마이너스($- \times + = -$)이고, 마이너스 곱하기 마이너스는 플러스($- \times - = +$)이다. 이것은 그 역에도 적용된다. 즉, $+ = + \times +$, 또는 $- \times -$. 그래서 오랫동안 양수는 제곱(또는 짝수개의 제곱근)을 가질 수 있었던 반면, 음수는 그렇지 못했던 듯하다.

음수의 제곱근이라는 개념은 1545년 카르다노가 처음으로 사용했는데 네이피어는 이를 '유령 수'[39]라고 묘사했고, 1702년이 돼서야 라이프니츠가 "놀라운 정신의 훌륭하고 멋진 발명품으로 존재하면서도 존재하지 않는 것"이라고 평가했다.[40]

데카르트(1637년)는 그 수에 '허수'라는 이름을 붙였고, 그 이름은 아직도 사용된다. 오일러(1748년)는 "있을 수 없는" 마이너스 1(-1)의 제곱근을 문자 i를 써서 기호로 나타냈다.[41] 그렇지만 오일러 역시 그런 수는 "반드시 …… 상상 속에서만 가능하다"고 주장했다(≪대수학≫, 1770년).[42]

노르웨이의 웨셀(1797년)과 스위스의 아르강(1806년)은 '복소수'(1831년에 가우스가 '실수'와 '허수'를 합쳐서 이렇게 불렀다)를 '사진 촬영하듯이', 즉 그림으로 나타낼 수 있다는 것을 보여 줬다.

가우스는 "음수가 객관적으로 존재한다고 할 수 있는 것처럼 허수 또한 객관적으로 존재한다고 할 수 있다"[43]고 확신했다. 19세기 초에 복소수는 수학, 물리학, 공학에서 쓸모 있고 중요한 기능을 하게 됐다. 우리가 수학을 약간 알게 되면 아다마르의 재미있는 견해, 즉 "실수의 영역에서 두 진리 사이의 가장 짧은 길은 복소수의 영역을 관통한다"[44]는 말에 동의할 수밖에 없다.

1821년에 코시는 방정식의 복소수 근은 쌍으로 이뤄진다('켤레 복소수')고 지적했다. 다시 말해서 $(x+iy)$가 근이라면 $(x-iy)$도 근이다. 그리고 비록 $-i$는 $+i$와 서로 역수지만, 계산할 때는 같다.

다음으로 넘어가기 전에 다음과 같은 간단한 방정식을 생각해 보자. (1) $x-1=0$, (2) $2x-1=0$, (3) $x+1=0$, (4) $x^2-2=0$, (5) $x^2+1=0$.

첫 번째 문제의 해답은 x=1, 정수, 두 번째 문제의 해답은 x=$\frac{1}{2}$, 분수, 세 번째는 x=-1, 음수, 네 번째는 x=$\pm\sqrt{2}$, 무리수, 마지막은 x=$\pm i$, 허수다. *

첫 번째 해답에서 다섯 번째 해답을 찾기까지는 약 2000년이 걸렸다!

수학의 연산

고대인들[45]이 그랬던 것처럼 여섯 가지 산술 연산은 기본적인 [사칙]연산의 확장이라는 사실에 주목하자. 즉, 거듭제곱은 곱셈의 확장이고 곱셈은 덧셈의 확장이다. 마찬가지로 개방[제곱근, 세제곱근을 구하는 계산 - 옮긴이]은 확장된 나눗셈이고 나눗셈은 뺄셈의 확장이다.

이러한 연산들은 세 쌍의 대립물로 분류할 수 있다. 덧셈과 그 역인 뺄셈, 곱셈과 그 역인 나눗셈, 거듭제곱과 그 역인 개방.

일단 음수라는 개념을 도입하면 뺄셈은 덧셈과 같은 것이 된다. 즉, 기호를 바꾸면 덧셈이 되는 것이다. 역수(850년경 인도의 마하비라)라는 개념을 도입하면 나눗셈은 제수除數와 그 역수를 곱한 것이 된다. 분수의 지수(1380년경 오렘)라는 개념을 도입하면 개방은 거듭제곱과 같은 것이 된다.

네이피어(1614년)의 연구와 다른 사람들 덕분에 복잡한 계산 방법

* 쿠로슈A G Kurosh의 ≪대수방정식≫(모스크바, 1977년).

— 로그와 지수를 구하는 낯익은 연산 — 뿐 아니라 산술 연산의 통일을 쉽게 이해할 수 있다. 로그의 곱셈은 덧셈으로 계산하고 나눗셈은 뺄셈으로 계산하는 것 등등.

뉴턴과 라이프니츠의 계산법에서는 반대되는 연산의 쌍이 더 있다. 미분과 적분이 그것인데, 요즘 교과서에 나오는 더 적절한 용어로는 '도함수'와 '부정적분'을 구하는 것이다.

무한한 과정과 유한한 결과

적어도 유클리드 시대 전부터 그리스어로 '디코토미', 즉 이분법의 '역설'이 알려져 있었다.[46] 한 선분을 둘로 나누고 그 나뉜 절반을 또 둘로 나누고 그 4등분 된 선분을 또 둘로 나누고 또 나누고 이런 식으로 계속해서 나눈다. 이 과정은 한없이 계속할 수 있다. 왜냐하면 선분 그 자체는 결코 줄어들지 않기 때문이다.

현대 수학 개념으로 바꾸면 무한급수가 된다. $\frac{1}{2} + \frac{1}{4} + \frac{1}{8} + \frac{1}{16} + \frac{1}{32} + \cdots\cdots$ 그 합계는 1에 가까워지지만 1을 초과하거나 1이 될 수는 없다. 뉴턴과 라이프니츠의 말을 빌면, 이 무한급수의 '극한'은 1이다.

'극한'이라는 개념은 18세기와 19세기에 연구됐는데, 지금은 수학의 기본이 됐다. *

---

* 이 극한의 개념을 문학적으로 표현한 것을 보고 싶은 독자들은 ≪이상한 나라의 앨리스≫ 제3장 '생쥐의 이야기'를 참조하시오. 우리가 알다시피 루이스 캐럴은 무엇보다도 수학자였다.

어떤 무한급수는 유한합을 가지기도 하고, 어떤 '유한한' 양量은 무한급수를 전개해 나타낼 수 있다.[47]

엥겔스는 이렇게 썼다. "상식으로는 어떤 일정한 크기, 예컨대 이항식을 무한급수, 즉 무한한 것으로 분해하는 것은 불합리한 듯하다."[48]

슈뢰딩거는 지적하기를, "그리스 과학은 무한이라는 개념을 거의 알지 못했다. 유명한 아킬레스와 거북이의 역설에서 드러나듯이 무한한 과정이라는 개념은 그리스 사람들에게는 당혹스러운 것이었다."[49]◆

* * *

이항정리를 완전히 해결하는 데 유클리드에서 뉴턴을 거쳐 닐스 아벨에 이르기까지 2000년 이상 걸린 것은 놀라운 일이 아니다.[50]

이항정리의 특별한 경우로서 $(1+\dfrac{1}{n})^n$을 전개한 것이 있다. 이것은 유한합(극한)을 갖는 무한급수로서 오일러는 이것에 e라는 이름을 붙여 줬다(1727년경). 수학의 많은 분야에서 e를 사용할 뿐 아니라 유기물의 성장에서 방사성 붕괴 현상까지 모든 현상을 분석하는 데 쓰이기도 한다.◆◆

존재와 비존재

비존재가 존재할 수 있을까? 이 역설적 문제에 대해 기원전 6세기 엘

◆ 이 '역설'에 관한 논의는 곧 짧게 다룬다.

◆◆ 실례와 논의는 달시 톰슨의 《성장과 형태》, 139쪽 이하를 보시오.

레아의 파르메니데스는 "아니다!" 하고 쉽게 대답했다. 이 문제는 당시에도 그랬지만 오늘날 우리에게도 단순한 말장난에 불과한 것은 아니다. 그것은 철학적 문제이며 또한 정치적 문제라고 할 수도 있다. 파르메니데스는 변화가 일어난다는 것을 부인했고 관찰이라는 방법을 받아들이지 않았다. 그렇게 함으로써 그는 피타고라스 학파의 주장을 거부하고 있었다.[51]

그 문제에 대한 올바르고 심오한 해답은 파르메니데스와 동시대 인물인 에페수스의 헤라클레이토스에게서 나왔는데, 헤겔은 바로 이 헤라클레이토스가 변증법의 시조라고 말했다.[52] 헤라클레이토스는 "모든 것은 유전한다",[53] "모든 것은 생성되고 있다",[54] "변화하는 세계에서 존재와 비존재는 무의미하다. 왜냐하면 모든 것은 생성되고 있기 때문이다"[55]고 말했다.

헤겔은 서슴없이 이 견해를 채택했다. "존재는 부분적으로는 가상에 불과하고 부분적으로만 실재한다."[56] "세상 만물은 모두 존재하면서 존재하지 않는 것이다."[57](강조는 헤겔의 것)

"순수 존재와 순수 무無는 …… 서로 같은 것이다." "존재와 무의 통일이 생성이다."[58] "시작은 존재와 무를 모두 포함한다. 시작은 그 둘의 통일이다. 시작하고 있는 것은 아직 존재하지 않는 것이다. 그것은 단지 존재를 향해 나아가는 것일 뿐이다."[59]

고대 철학자들에 관해 헤겔은 이렇게 말했다. 그들은 "존재와 비존재는 진리를 결여한 단순한 추상일 뿐이라는 사실, 그리고 존재는 오직 생성 속에서만 존재한다는 사실을 직관으로 인식함으로써 위대한 진보를 이뤘다."[60]

엥겔스는 이렇게 썼다. "자연은 그저 존재하는 것이 아니라 생성되고 사라지는 것이다."[61] 그는 또 헤라클레이토스를 찬양했다. "세계에 대한 이 소박하고 순진하면서도 본질적으로 올바른 개념은 고대 그리스 철학에서 나온 것으로 헤라클레이토스가 처음으로 명확하게 공식화했다. 만물은 존재하면서 또한 존재하지 않는다. 왜냐하면 만물은 유전하고 끊임없이 변화하며 끊임없이 생성되고 사라지기 때문이다."[62]

연속성과 불연속성 — 시간과 공간

파르메니데스의 제자였던 엘레아의 제논은 기원전 5세기에 네 가지 역설을 제시했는데,[63] 그중에서 가장 유명한 것은 아킬레스와 거북이의 경주에 관한 역설이다.

거북이보다 열 배 빠른 아킬레스가 거북이보다 100미터 뒤에서 출발한다고 하자. 아킬레스가 100미터를 지나칠 때 거북이는 10미터 앞에 있게 된다. 그 다음에 아킬레스가 10미터를 뛰었을 때 거북이는 1미터를 앞서 간다. 다시 아킬레스가 1미터를 돌파하면 거북이는 10분의 1미터만큼 앞서 있고 …… 이런 식으로 하면 아킬레스는 결코 거북이를 따라잡을 수 없게 된다.

아킬레스는 "내가 한계를 뛰어넘을 수만 있다면 이길 수 있을 텐데"[64] 하고 항변한다. 그렇지만 당시 아르키메데스를 제외한 그리스 사람들은 극한이라는 개념을 희미하게도 알지 못했고, 그래서 아킬레스는 르네상스와 데카르트의 연구, 그리고 기하학에 시간을 도입하기

전까지 2000년 동안 계속 달리고 있었다.[65]

아리스토텔레스는 시간과 공간을 한없이 나눌 수는 있지만 시간과 공간이 한없이 나뉘는 것은 아니라고 지적했다.[66] 시간을 일련의 "개별적 '현재'"[67]로 나눌 수는 없다. 운동은 정지 상태의 총합이 아니고 오히려 정지 상태가 운동의 특별한 경우다.[68]

몇백 년 후 맥스웰은 이렇게 말했다. "제논의 시대까지 거슬러 올라가면 시간은 무수히 많은 순간이 모여 이뤄진 것이고 공간은 한없이 나눌 수 있는 것이라고 생각했다."[69]*

또 다른 제논의 역설은 활쏘기 시합에 관한 것이다. 제논은 날아가는 화살을 가리키며 화살은 거기에 존재하거나 거기에 존재하지 않거나 둘 중 하나라고 말했다. 화살이 거기에 존재하지 않을 수는 없는 것이다. 그러므로 화살은 거기에 존재하고 움직이지 않는다.

그리하여 운동은 논리적으로 '반박됐다.'**

그렇지만 실제로 제논이 보여 줬던 것은 그 당시 형식논리학의 무능함이었다.

---

* 속도는 거리를 시간에 대한 평균이지 거리에 대한 평균이 아니라는 사실은 오늘날 모든 어린 학생들도 배운다. 그래서 제논의 역설이 더는 역설이 아니다. 그렇지만 인류가 그 문제를 풀기까지 약 2000년이 걸렸다는 사실을 기억할 필요가 있다.

** 디오게네스는 이리저리 걷는 것을 보여 줌으로써 제논을 '반박하고' 운동을 '입증했다.' 헤겔은 이에 대해 "저속한 반박"이라고 논평하면서 이렇게 덧붙였다. "한 학생이 이런 반박에 만족한다면 디오게네스는 다음과 같은 근거를 들이대서 그 학생을 난처하게 만들 것이다. 교사가 이성적으로 논쟁을 벌였으므로 유일하게 타당한 반박은 이성에서 도출된 것뿐이다. 인간은 감성적 확신에 만족해서는 안 되고 이성적으로 이해할 수도 있어야 한다."[70]

우리가 살펴봤듯이, 해답을 제시한 사람은 헤라클레이토스였다. 존재도 비존재도 존재하지 않는다. 오직 생성만이 존재할 뿐이다. 제논의 화살은 거기에 존재할 수 있을 뿐 아니라 거기에 존재하지 않을 수도 있다. 즉, 움직이고 있다.

제논의 역설을 설명하면서 헤겔은 이렇게 썼다. "운동 일반에 관해 말하자면 우리는 어떤 물체가 어느 한 장소에 존재하고 그 다음 다른 곳으로 이동한다고 한다. 그 물체가 움직이기 때문에 더는 첫 번째 장소에 존재하지는 않지만 두 번째 장소에 존재하지도 않는다. 만약 물체가 어느 한 장소에 존재한다면 그것은 정지해 있는 것이다. 그 물체가 두 장소 사이에 존재한다고 말한다면, 그것은 아무것도 말하지 않는 셈이다. 왜냐하면 두 장소 사이에 존재한다는 것은 결국은 어느 한 지점에 존재한다는 것을 뜻하기 때문에 이렇게 말하는 것 또한 곤란하다. 그렇지만 운동이라는 것은 이 장소에 존재하면서 동시에 이 장소에 존재하지 않는 것을 뜻한다. 이것은 시간과 공간의 연속성이고, 바로 이것이야말로 처음에 운동을 가능하게 만드는 것이다."[71]

헤겔은 이렇게 덧붙였다. "문제를 일으키는 것은 항상 사람의 생각인데, 왜냐하면 생각은 실제로는 결합돼 있는 대상의 여러 계기를 분리하기 때문이다."[72]

엥겔스는 이 문제에 관해서 이렇게 썼다. "우리가 사물을 정태적이고 죽은 것으로, 각자 홀로 존재하는 서로 병렬적인 것으로 생각하는 한 사물에 내재하는 어떤 모순도 찾아 낼 수 없다는 것은 사실이다. 우리가 발견한 어떤 성질들은 부분적으로는 공통되고 부분적으로는 서로 달라 심지어 모순적이기도 하다. 그렇지만 이 경우 그런 성질들은 상이한 대상들 사이에 흩어져 있기 때문에 아무런 모순도 포함하지 않는다. 이런 사고 영역의 한계 안에서는 보통 형이상학적 사고방식의 기초만을 얻을 수 있을 뿐이다. 그렇지만 우리가 사물을 운동과 변화, 생명, 그리고 서로 영향을 주고받는 것으로 간주하자마자 확연히 다른 태도를 취하게 된다. 우리는 곧바로 모순과 만나는 것이다. 운동 자체가 하나의 모순이다. 간단한 역학적 위치 변화조차 어떤 물체가 특정 순간에 서로 다른 장소에 존재할 수 있으며 어느 한 장소에 존재하면서 존재하지 않는다는 것을 뜻한다. 그리고 계속 강조하지만 이런 모순을 해결하는 것이 바로 운동이다."[73]

플레하노프는 이렇게 말했다. "모든 자연현상의 기초는 물질의 운동이다. 그러나 운동이란 무엇인가? 그것은 명백한 모순이다. 만약 누군가가 당신에게 운동하는 물체가 특정 순간 특정 지점에 존재하는지 여부를 묻는다면 당신의 의도가 아무리 좋다고 하더라도 '예는 예고 아니오는 아니오다'는 공식대로 대답할 수는 없을 것이다. 운동하는 물체는 특정 지점에 존재함과 동시에 존재하지 않는다. 우리는 그 물체를 다만 '예는 아니오고 아니오는 예다'라는 공식대로 고찰할 뿐이다. 그래서 이 움직이는 물체는 그 자체로 반박할 수 없는 '모순의 논리'를 보여 준다. 그리고 이런 논리를 인정하기 싫어하는 사람은 제논처럼 운동이란 감각의 착각일 뿐이라는 것을 증명해야 할 것이다."[74]

운동을 논리적으로 설명하는 문제는 그저 말장난에 불과한 것은 아니다. 그것은 변증법의 중심 문제이고 제논 이래로 우리 곁을 떠나지 않은 문제다.

현대의 이론 물리학은 우연치 않게 그 문제를 다시 연구해야 했다.

1927년 하이젠베르크는 그 유명한 ≪불확정성의 원리≫를 썼는데, 여기서는 깊이 다루지 않겠다.

드브로이는 그 문제를 물리학자의 관점에서 다음과 같이 요약했다. "시간과 공간상의 정확한 위치 측정은 모든 진화와 역동성이 배제된 일종의 이상이다. 반대로, 완전한 순수 운동 상태라는 관념은 역동적인 이상으로서 위치와 순간이라는 개념과 원칙적으로 모순이다."[75]

운동은 대립물의 통일을 나타내는 비근한 예다.

1915년에 레닌이 썼듯이,

우리가 운동을 상상하고 표현하고 측정하고 묘사할 때는 연속성을 중단시키고 살아 있는 것을 단순하고 거칠게 만들며 분할하고 질식시킨다. 사고라는 수단을 통해 운동을 표현하는 것은 언제나 운동을 조잡하게 만들고 죽이는 것이다. 그리고 사고뿐 아니라 감각으로 운동을 표현하는 것도, 운동을 표현하는 것뿐 아니라 모든 개념을 표현하는 것 또한 그러하다.

그리고 바로 여기에 변증법의 핵심이 있다.

변증법의 이러한 핵심은 다음과 같은 공식으로 정확히 나타낼 수 있다. 대립물의 통일과 동일성.[76]

연속성과 불연속성 — 물질

고대 그리스 철학의 중요한 문제 가운데 하나는 물질을 한없이 나눌 수 있는가 하는 것이었다.

둘 다 압데라 출신이었던 레우키포스(기원전 6세기)와 데모크리토스(기원전 460~357년), 그리고 아테네 출신의 에피쿠로스(기원전 341~270년)는 물질이 궁극적으로 나뉠 수 없는 입자, 즉 원자로 이뤄져 있다고 주장했다.

슈뢰딩거는 이렇게 말했다. "그들은 최초의 불연속성을 창안했다."[77]

데모크리토스는 더 나아가 대담하게도 이렇게 선언했다. 세계는 원자와 진공으로 이뤄져 있고 다른 모든 것은 순전히 상상에 지나지 않는다.*

데모크리토스는 또한 은하수가 멀리 떨어져 있는 수많은 별로 이뤄져 있다고 말한 최초의 인물이다.** 이 위대한 원자론자는 하늘의 안개가 연속적이라는 주장도 인정하려 들지 않았다.

가장 유명한 철학자라고 말할 수 있는 플라톤과 아리스토텔레스는 원자론자의 견해에 반대하면서 물질은 연속적이며 한없이 나눌 수 있는 것이라고 주장했다.

물질이 원자로 이뤄졌는가 하는 문제는 그 당시에는 철학적 문제였고 루크레티우스(기원전 98~55년)가 라틴어로 된 자신의 시 ≪사물의 본질≫에서 원자론을 찬양한 것을 제외하면 그 견해는 1700년 동안 묻혀 있었다.

* * *

* 올리버 헤비사이드의 현대적 해석에 따르면, "세상에 존재하는 것은 오직 두 가지, 즉 물질과 에너지다. 나머지는 모두 허튼소리다."[78]
** 1609년 갈릴레이가 망원경으로 하늘을 관찰해 사실임을 확인했다.

유럽에서는 1649년 가상디가 에피쿠로스에 관한 논문을 출판한 것을 계기로 이 문제에 대한 관심이 되살아났고 머지않아 보일과 데카르트, 뉴턴이 물리학의 관찰 결과를 설명하기 위해 물질의 원자 이론이 필요하다는 것을 확신했다.

그렇지만 그 사상에 새로운 생명을 불어넣은 것은 19세기 초의 화학자들이었다.

돌턴은 1803년 화합의 법칙을 설명하기 위해 원자론을 부활시켰다.

아보가드로는 1811년에 기체 반응의 법칙(게이뤼삭의 법칙, 1809년)을 번역하다가 원자와 분자를 구분하게 됐고, 물질의 불연속성은 과학적 사실로 인정됐다. 그러나 아보가드로의 생각은 1858년 카니차로가 대중화할 때까지 반세기 동안 주목받지 못한 채 묻혀 있었다.

1806년 라플라스는 표면장력 현상을 설명하기 위해 그 이론을 사용했다.

19세기에 클라우지우스, 맥스웰(1859년), 그리고 볼츠만은 물질의 분자 이론에 바탕을 두고 자신들의 동역학 이론을 세웠다. 그리고 거시적 행위에 관한 유명한 경험 법칙을 이론적으로 도출할 수 있었다.

패러데이의 전기 분해 법칙(1834년)은 전기의 불연속성을 함축하고 있었음에도, '이온'이라는 말을 도입한 패러데이 자신은 그 용어를 복합적 개념으로 사용했다.

1881년 헬름홀츠는 '패러데이 강연'에서 전기의 원자수를 지적했다. 1887년 아레니우스는 미립자 '이온'에 관한 일관된 이론을 제시했다.

1891년에는 스토니가 미리 전기의 근본 입자에 '전자'라는 이름을 붙여 주었다. 1897년 5월에 조셉 J 톰슨은 전자의 존재를 입증했을 뿐 아니라 그 특질을 판정했다. 전자는 '음'의 전하를 가진 입자로 판명됐다.

원자는 전기적으로 중립이기 때문에 양의 전하를 가진 입자가 존재해야 했다.

베크렐이 방사능을 발견하고(1896년), 피에르와 마리 퀴리 부부가 그것을 더 깊이 연구하고, 러더퍼드가 연구한 덕분에 양의 전하를 가진 입자가 발견됐고, 1920년에 '양성자'라는 이름이 그것에 붙여졌다.

1919년 러더퍼드는 원자를 '깨뜨려' 변환하는 데 성공했고 그 후 원자는 드브로이가 적절하게 지적했듯이 "어원에서만" 나눌 수 없는 것이 됐다.

* * *

≪유물론과 경험비판론≫에는 호기심을 끄는 구절이 하나 나온다. "물질을 전기로 환원하는 것이 가능해졌다. 원자는 음의 전하를 가진 전자들이 양의 전하를 가진 하나의 전자 주위를 돌고 있는 소우주를 닮았다고 설명할 수 있다."[79]

레닌은 이 구절을 1908년에 썼다. 참고도서 목록에 ≪물질의 미립자 이론≫(1907년)이라는 조셉 J 톰슨의 저작만을 언급하고 있으므로 레닌이 이러한 과학 정보를 어디에서 얻었는지 알 수 없다. 톰슨의 원자 모형(1904년)은 정반대의 전하를 가진 입자들의 결합을 표현하긴 했지만 궤도를 가진 모형은 물론 아니었다.

핵을 가진 원자라는 모형은 맨체스터에서 러더퍼드가 1911년 2월

에야 생각해 냈고 그 결과를 그해 6월 ≪철학 잡지≫에 발표했다.[*]

따라서 레닌이 미리 궤도를 가진 모형이 일정한 역사적 시기 동안 올바른 것이라고 인정하고 "변증법적 유물론의 또 다른 확증"[80]이라고 환영했던 것은 의미심장하다.

연속성과 불연속성 — 에너지[**]

1704년 뉴턴은 다음과 같은 물음을 던졌다. "광선은 발광체에서 방출되는 아주 작은 미립자들로 이뤄진 것이 아닐까?"[81] 그는 죽을 때까지 이 물음에 명확한 답변을 하지 않았다.

18세기와 19세기에 축적된 실험 결과 덕분에 빛의 파동설(1690년 호이겐스, 1812년 영, 1816년 프레넬)이 채택됐다. 이 견해에 따르면 빛은 연속적인 파동으로 이뤄져 있다는 것이다.

맥스웰이 '전자기파'의 존재를 예견하고(1862년) 1888년에 하인리

....

[*] 러더퍼드의 원자 모형은 이론적으로 불안정했기 때문에 곧바로 교체됐는데, 1913년에 경험적 사실에 들어맞는 양자화量子化한 러더퍼드-보어 모형으로 바뀐 것이다.

[**] 이 주제에 관해 엥겔스의 ≪자연 변증법≫의 두 장('운동의 기본 형태'와 '운동의 측정') 전체를 애매하게 만든 19세기의 논쟁(1880~1881년)을 검토하지 않더라도 우리는 현재 인정받는 정의를 내릴 수 있다. 에너지(이 용어는 1807년 토마스 영이 고안했다)는 지금 "일을 할 수 있는 능력"(1852년경 제임스 톰슨)이라고 정의한다. 뉴턴의 시대부터 에너지의 두 가지 형태를 구분했다. 하나는 운동 에너지(1867년 톰슨과 테이트)로서 코리올리(1826년)가 질량에다 속도의 제곱을 곱한 값을 둘로 나눈 것으로 맨 처음 정확하게 정의했고, 다른 하나는 위치 에너지(1853년 랭킨), 즉 위치나 배열에서 발생한 에너지였다. 헤르츠는 이 둘의 등가성을 보여 줬다.

히 헤르츠가 실험을 통해 전자기파를 발견함으로써 파동설은 대단한 성공을 거뒀다. 1895년 5월 7일에 러시아의 포포프가, 그리고 1896년 6월 4일에는 마르코니가 '무선' 신호를 전송하는 데 전자기파를 사용했다.

이와 동시에, 맥스웰은 1873년 빛의 '압력'을 이론적으로 발견함으로써 파동설을 사실상 손상시켰다. 빛의 압력은 레베데프가 1900년에는 고체의 경우에, 1907~1910년에는 기체의 경우에 실험을 통해 입증했다.

아인슈타인 전까지 과학자들은 전자기파는 질량 곱하기 속도로 정의되는 운동량을 가진다는 피할 수 없는 결론을 무시해 왔다.

* * *

빛을 흡수해 전자를 방출하는 '광전' 효과는 1887년 헤르츠가 발견해 할바크스가 연구했고(1888년) 그 다음 해에 스톨레토프가 설명했다.

* * *

1895년에 뷔르츠부르크 대학의 뢴트겐이 '엑스선'을 발견했다.

조지 P 톰슨에 따르면, 이 발견은 "낡은 물리학과 새로운 물리학을 나누고 연속성의 물리학과 불연속성의 물리학을 나누는 한 시대의 획을 그었다."[82]

* * *

1900년 12월 14일 막스 플랑크는 열복사에 관한 연구 끝에 에너지는 불연속적인 '묶음'의 형태로 방출된다는 혁명적 가설을 제시하고 그것을 '양자量子'라고 불렀다. 그는 지금은 '플랑크 상수'라고 알려진 새로운 보편 상수 h를 도입했는데 이는 두 가지 근본적 물리량을 다음과 같은 간단한 공식으로 연결하는 것이다. 즉, 에너지는 진동수에 h를 곱한 것과 같다.

이 개념은 5년 동안 별다른 쓸모가 없었다.

그러다가 1905년 9월 26일 아인슈타인이 빛의 흡수 현상을 분석하면서 빛이 불연속적으로 방출될 뿐 아니라 입자의 성질도 가진다는 결론에 도달했다고 발표했다.[*] 아인슈타인이 말한 빛의 입자는 나중에 '광자'라는 이름을 얻었다.

같은 해에 아인슈타인은 모든 형태의 에너지는 관성(즉, 질량)을 가지며 에너지와 질량은 서로 바꿀 수 있다는 심오한 사실을 발견했다. 그는 에너지(E)와 질량(m)을 연결하는 획기적인 공식을 만들었다. 그 공식이 바로 $E=mc^2$인데, 여기서 c는 빛의 속도다.[**]

그렇다면 빛은 도대체 무엇인가? 파동인가 아니면 입자인가?

브래그는 자신의 강의 시간표에서 월·수·금요일에는 빛이 파동이고 화·목요일에는 입자라고 농담한 적이 있다고 한다.[83] 약간은 심각한 그의 설명을 들어 보자. "광자가 옛날에는 입자였지만 미래에는

---

[*] 아인슈타인의 비유에 따르면, 맥주는 파인트 컵으로 팔리는 것만이 아니라 파인트 컵 안에 존재한다.[84]

[**] 아인슈타인의 결론은 몇 가지 부분에서 의심에, 다른 부분에서는 반대에 부딪혔다. 막스 플랑크조차도 1912년에 가서야 광자 이론에 관해 아인슈타인에게 사과해야겠다고 생각했다.[85] 아인슈타인 자신도 한때 스스로 바보가 아닌가 의심했다.[86] 그는 나중에 자신의 공식이 핵폭탄으로 '입증'되는 것을 보게 됐다.

파동이 될 것이다." 이것은 상상력이 풍부한 설명이긴 하지만, 우리에게는 별 도움이 되지 않는다.[87]

콤프턴의 다음 말은 훨씬 더 도움이 된다. "빛이 방출될 때마다 무엇인가 한다면, 입자로서 그렇게 하는 것이다."(강조는 우리의 것)[88]

* * *

1905년 푸앵카레는 ≪과학의 가치≫에서 물리학의 "위기"를 선언하고 물리학의 원칙들이 "황폐해졌다"[89]고 썼다. 프랜시스 A 레이는 1907년에 "물질은 사라졌다"[90]고 선언했다.

* * *

레닌은 '물리학의 위기'에 꽤나 몰두한 나머지 1908년 5월 취리히에서 런던으로 가서 대영박물관의 최신 문헌들을 읽을 정도였다.[*]

그는 ≪유물론과 경험비판론≫에서 푸앵카레와 레이의 견해를 분석하는 데 한 장 전체를 할애했다.

거기서 레닌은 '위기'를 정확히 진단했다. "현대 물리학은 진통을 겪고 있다. 그것은 변증법적 유물론을 낳고 있는 중이다."[91]

* * *

몇 년 후 플랑크 상수 h는 물리학의 모든 분야에서 쓰이게 됐고, 곧이어 '미시 세계의 여왕'으로 등극했다.

---

[*] 1905년 이후 러시아 망명자에게 이것은 분명히 엄청난 시간과 돈이 드는 일이었을 것이다.

1913년 러더퍼드 경과 닐스 보어는 자신들의 원자 구조 이론에서 h를 사용했다. 그 이론에 따르면, 궤도를 돌고 있는 전자의 에너지는 h의 정수배에 해당하는 불연속적인 값을 갖는다. 게다가 전자는 특정 궤도만을 따라 움직이는데 이것은 원자 '공간'의 불연속성을 암시하는 개념이다(이 생각은 1930년에 하이젠베르크가 명쾌하게 발전시켰다).

드브로이[*]는 1923년에 '파동-입자의 이중성' 개념에서 '입자-파동' 이 존재할 것이라는 논리적 결론에 도달했다. 원자 규모에서 물질은 입자(불연속적)이기도 하고 파동(연속적)이기도 하다는 것이었다. 각각 의 입자는 그 나름의 파동을 갖는데, 그 파동의 진동수는 h를 질량과 속도의 곱으로 나눈 것과 같다.

과학자들은 1927년에 미국의 데이비슨과 저머, 영국의 조지 P 톰슨이 드브로이의 '물질파'를 입증하는 실험 사진을 발표하기 전까지 이런 결론을 인정하지 않았다.[**]

최근 레이저 기술의 발전으로 파동 개념이 다시 유력해졌다.

1927년에 닐스 보어는 빛의 현상을 설명하기 위해서는 "상보적 개

---

[*] 드브로이는 탁월한 프랑스어 문장가임에 틀림없다(그는 1945년에 프랑스 학술원 회원으로 선출됐다). 심지어 번역문에서조차 그의 문체는 잘 드러난다. 간단하고 재미있는 일련의 에세이(《물질과 빛》, 1939)에서 그는 자신을 거의 드러내지 않은 채 두 개념이 겹치는 범위와 한계를 연구한다.

슈뢰딩거는 아인슈타인이 쓴 논문의 각주에서 드브로이 파를 참조하라는 것을 보고 '파동 역학'의 영감을 얻었다고 한다. 만약 이 이야기가 사실이라면 이것은 분명히 과학의 역사에서 가장 중요한 각주일 것이다.

[**] 조지 P 톰슨이 직접 설명한 것으로는 《과학의 영감》(옥스퍼드 대학 출판부, 1961년), 9장을 보시오.

념"이 필요하다고 지적했다.[*]

아인슈타인은 이렇게 썼다. "실재의 두 모순된 모습. 둘을 분리하면 빛의 현상을 온전히 설명할 수 없지만 그 둘을 결합하면 온전히 설명할 수 있다!"[92]

파울리는 아인슈타인의 연구를 좇아서 다음과 같이 말했다. "활동적인 양자가 존재한다는 사실은 미시 세계의 현상을 지배하는 법칙이 근본적으로 바뀌는 것을 뜻한다는 점이 분명해졌다. 복사에서 이런 변화는 서로 다른 현상에 적용하는 입자 묘사와 파동 묘사의 대조에서 나타난다."[93]

물질과 '반물질'

1929년 디랙은 이미 알려진 소립자의 성질들을 종합하다가 또 다른 입자, 즉 양의 전자가 "자신의 연필 끝에서 튀어나오는 것"을 발견했다.

물리학자들은 1932년에 미국의 칼 앤더슨, 영국의 블래킷과 오키알리니가 이 '반입자', 즉 양전자를 사진 촬영하기 전까지는 믿지 않았다.

같은 해인 1932년에 채드윅은 중성자를 발견했는데, 이미 1920년에 러더퍼드는 이 근본 입자의 존재를 예견한 바 있다.

---

[*] 보어는 만년에 '상보성'을 확신하면서 자신의 개인적인 가문家紋으로 고대 중국에서 진리의 두 측면을 상징했던 음양을 선택했다.

곧이어 다른 입자들과 반입자들이 다른 사람들의 연필 끝에서 튀어 나오기 시작했다. 1930년에 파울리는 또 다른 소립자의 존재를 예견했는데, 페르미는 이것을 이탈리아식으로 '뉴트리노(중성미자)'라고 명명했다. 26년이 지난 1956년에 미국 과학자들은 중성미자를 검출했는데, 그 대립물인 반중성미자와 공존하고 있는 것을 발견했다.

1935년에 일본 물리학자 유카와는 '중간자'의 존재를 가정할 필요가 있다고 느꼈다. 1948년에 이런 중간자의 몇 가지 변형들이 검출됐다.

1955년에 미국의 세그레와 그 동료들은 반양성자를 검출했다. 1956년에는 반중성자가 검출됐다. 얼마 전에 물리학자들은 '쿼크'를 추적하면서 당연히 '반쿼크'도 추적하고 있었다.

그래서 디랙의 선구적인 연구에서 비롯한 아원자 물리학의 근본 법칙이 정립됐다. 이것에 따르면, 모든 입자는 자신의 반입자를 갖고 있고 자신이 반입자인 입자들도 있다.

러더퍼드-보어 원자 개념에서는 전자가 양자 이론의 법칙에 따라 점잖게 의자에 먼저 앉기 놀이를 하고 그 궤도 내에서 장난삼아 연애하는 데 만족한다고 한다면, 디랙-페르미-파울리의 소립자들은 바람기가 더 많고 열정적이며 끊임없이 상호작용한다. 그 소립자들은 "자유분방하게 결혼하고"(보른) 다른 입자들의 쌍을 만들어 내는 과정에서 스스로 소멸하거나 "서로 자살한다."(브라운)[94]

헤겔의 망령이 거들먹거리면서 "내가 그렇게 말했잖아!" 하고 고개를 끄덕이는 모습이 눈에 선하다.

오랫동안 축적된 모든 증거에도 에른스트 마하와 오스트발트는 '실증주의'에 집착하면서 원자의 존재를 믿지 않았다(레닌은 ≪유물론과 경험비판론≫에서 그들의 주장을 상세하게 논박했다).✦ 그들이 1945년 8월 5일까지 죽지 않고 살아남았다면 히로시마와 나가사키의 불행한 피해자들에게 원자는 그저 '정신의 산물'에 지나지 않는다는 것을 설명할 수 있었을 텐데!

연속성과 불연속성

세계적으로 유명한 몇몇 과학자들의 견해를 살펴보는 것으로 논의를 끝마치려 한다.

로렌츠에 따르면, "물질을 결합시키고 복사 과정에서 물질의 에너지 상실을 방지하는 것은 바로 양자 조건이다."[95]

드브로이는 이렇게 말한다. 불연속성이 없다면 "원자는 불안정하게 되고 물질은 존재할 수 없을 것이다."[96] 또한 "실재實在를 연속성만으로 설명할 수는 없다. 우리는 연속성 내에서 개별 실체들을 구별해야 한다."[97]

'파동 역학'의 창시자인 슈뢰딩거의 말에 따르면, 연속성을 요구하는 것은 "매우 터무니없는 짓"이며 "자연 자체가 연속적 묘사를 거부하는 듯하다."[98]

✦ 조머펠트의 증언에 따르면, "오스트발트는 브라운 운동에 대한 완전한 설명을 듣고 나서 원자론자로 개종했다고 나에게 말한 적이 있다."[99](1905년 아인슈타인)

평생 자연을 연구한 끝에 달시 톰슨은 "'불연속성의 원리'는 수학, 물리학, 생물학을 가리지 않고 우리의 모든 분류법에 고유한 것이다"고 말했다.[100]

오래 전에 수학적 해석학자 데데킨트는 이렇게 말했다. "공간이 어떤 실체를 가진다면 그것은 굳이 연속적일 필요가 없다. 공간이 불연속적이라고 하더라도 공간의 여러 특성은 여전히 동일할 것이다."[101]

관성과 활동

우리의 근본 전제는 변화가 보편적이라는 것이다. 그러나 관성 또한 보편적인데, 관성이란 만물이 변화를 회피하거나 변화에 저항하려는 근본적이고 적극적인 경향을 말한다.

뉴턴은 관성을 "정지하려는 힘"이라고 알기 쉽게 정의했다(≪프린키피아≫, Ⅰ, 정의Ⅰ. 강조는 나의 것).

엥겔스는 짧은 편지에서 관성이란 철학적으로 "운동의 불멸성을 부정적으로 표현한 것일 뿐"이라고 설명했다(1878년경).[102]

관성과 활동*은 '대립물'일 뿐 아니라 상호 침투하기도 하고, 관성은 활동을 낳는다.

---

* 워럴 같은 작가들은 '원동력'이라는 용어를 사용한다. 갈릴레이-뉴턴의 '관성' 개념을 자력으로 운동할 수 없다는 뜻으로 이해해서는 안 된다(특히 다음을 보시오. 아인슈타인과 인펠트의 ≪물리학의 진화≫. R L Worrall의 ≪에너지와 물질≫, 3장. D'Abro의 ≪새로운 물리학의 발흥≫(1951년), 제1권 18장).

앞으로 우리가 보게 되듯이, 활동의 노력은 변화에 대항하는 작용이다.

간단한 역학적 사례 두 가지가 있다. 늘어난 용수철은 줄어드는 경향이 있고, 감긴 용수철은 풀리는 경향이 있다.

에른스트 마하는 이렇게 일반화한다. "모든 대칭계에서 균형을 파괴하려는 변형은 그것을 복구하려는 정반대의 변형에 의해 보완된다. 각각의 변형에는 긍정과 부정이 작용한다."[103]

* * *

페르마(1608~1665년)는 '변분원리'를 공식화한 **최초의** 인물인데, 다음에서 몇 가지 예를 살펴보자.

그는 수학 함수의 '극대'와 '극소'('극값', '정상값', 또는 기하학적으로 말하면 '되돌이값')에 관한 연구를 확장해 이러한 개념에 물리학적 의미를 부여했다.

그는 '최소 시간의 원리'(1628~1629년)를 통해 빛의 전파 · 반사 · 굴절 법칙에 이론적 실마리를 제공했는데, 이에 따르면 두 점 사이를 통과하는 빛은 최단 경로를 지나간다는 것이다.*

유클리드 기하학의 유명한 보조 정리에 따르면, 평면 위에 있는 두 점 사이의 가장 짧은 거리는 직선이다. 광선은 직선으로 표현될

---

* 페르마는 방정식 이론, 해석기하학, 미적분학과 같은 수학의 많은 분야를 개척했는데 그 연구 성과를 공표하지는 않은 채 중요하고 근원적인 생각을 편지나 책의 여백에 적은 메모 등의 형태로 남겼다. '최소 시간'에 관한 생각은 사후에 출판된 Litterae ad P. Mersenum contra Dioptricam Cartesianum(파리, 1687년)에서 빛을 봤다.[104]

수 있다는 간단한 기하학적 고찰과 페르마의 원리에서 직진과 반사에 관한 유명한 실험법칙들이 비롯했다. 굴절의 법칙은 어렵지는 않지만 약간 더 복잡하다(독자들은 다음 책들을 참고할 만하다. A S 램지, ≪초등 기하 광학≫, 런던, 1920년, 126쪽과 H 레비, ≪현대 과학≫, 런던, 1939년, 320쪽, 7절 이하).

* * *

'일정 둘레' 문제, 예컨대 둘레가 일정할 때 최대 넓이를 가진 도형을 찾는 것과 반대로 주어진 넓이에서 최소 둘레를 가진 도형을 찾는 문제는 그리스 시대 이래로 우리 곁을 떠나지 않는 문제였다. 그리스 사람들은 이 두 문제의 정답이 모두 원이라는 것을 알고 있었다.

전설에 따르면, 페니키아의 공주 디도는 배가 난파돼 북아프리카 해안에 도착하자 원주민들에게 소 한 마리의 가죽으로 덮을 수 있을 만큼만 자기에게 땅을 달라고 요청했다. 원주민들이 그것을 허락하자 그녀는 가죽을 잘라서 기다란 가죽 끈을 만들더니 카르타고 시를 건설할 만큼 넓은 땅을 그 끈으로 둘러쌌다고 한다.

디도는 원호 형태로 경계선을 만들었는데, 그녀의 직관은 정확했다.

그렇지만 수학적으로 그 문제는 매우 복잡해서 해답을 찾기까지 수천 년이 걸렸고, 수학의 역사에서 중요한 해였던 1696년 이후에야 사실상 가능해졌다.[105]

가장 짧은 거리, 즉 '측지선' 문제와 가장 빨리 하강하는 선, 곧 '최속강하선' 문제는 서로 밀접하게 관련된다.

1696년 요안 베르누이는 다른 저명한 수학자들과 함께 그 문제를 수학적으로 해결하고 변분을 수학적으로 연구하기 위한 기초를 놓았다.

오일러(1707~1783년)의 연구 덕분에 이 문제는 변분법이라는 완전히 새로운 수학 분야가 됐다.[*]

돌은 아래로 굴러가고 물은 높은 곳에서 낮은 곳으로 흐른다.

1644년 토리첼리(1608~1647년)는 어떤 계의 '무게중심'이 가장 낮은 곳에 있을 때, 그 계는 안정적이라는 사실을 깨달았다. 라그랑주는 그의 선구적인 저작 ≪해석 역학≫(1788년)에서 이 생각에 정확한 증거를 제공했다.[106]

해석 역학의 '보편 원리'이자 '기본 정리'는 어떤 계가 평형을 이루거나 안정되기 위해서는 그 위치 에너지가 최소가 돼야 한다는 것이다.[107]

매달린 쇠사슬의 형태를 결정하는 문제는 수학적으로 약간 복잡하다.

위대한 갈릴레이조차도 포물선의 형태를 취한다고 잘못 생각했을 정도다(1638년).

베르누이 형제, 호이겐스, 라이프니츠(1690년경)가 알아 낸 정확한 해답은 바로 현수선이었다.[108][**]

반면에, 그 문제를 물리학적으로 해결하는 것은 간단하다. 쇠사슬

---

[*] 오일러의 *Trate des Isoperimetres*는 1744년으로 거슬러 올라간다.

[**] 쇠사슬을 뜻하는 라틴어 'catena'에서 유래했다. 그것은 또한 바람 따라 항해하는 돛의 옆모습과 같은 형태(요안 베르누이)이고 늙은이들의 눈 아래 주름살이 축 처진 형태(알브레히트 뒤러)이기도 하다.[109]

은 그 '무게중심'이 중력이 가장 작은 곳에 놓이도록 매달려 있는 것
이다.[110]

* * *

일단 정역학적 문제가 해결되자 과학자들은 당연히 그와 비슷한
동역학적 문제를 찾아 나섰다. 막스 플랑크가 썼듯이, 과학에서 "비슷
한 것들은 사람을 끄는 매력이 있다."[111]

모페르튀(1698~1759년)는 경제가 자연에 본질로 내재하기 때문에
모든 물리법칙도 경제를 반영한다고 생각했다.

그가 말한 "최소 작용의 원리"(1747년)에 따르면, 계는 그 '활동'을
최소한으로 유지하는 경향이 있다는 것이다. 그에게 '원리'는 "평온에
관한 보편 법칙"이고 자신의 수학 책을 '요약'한 것이다.[112] 불행하게
도, 그는 목적론적이고 신학적인 근거를 끌어들여 '원리'를 설명했다.
그는 매서운 비판을 받았으며(볼테르는 그를 가리켜 "지구를 평평하게 만
드는 사람"이라고 불렀다), 그 원리의 과학적 중요성을 이해한 동시대인
은 거의 없었다.

달시 톰슨은 "최소 작용의 원리는 아무것도 설명해 주지 않고 인과
관계에 대해 알려 주는 것도 없지만, 시사하는 바 또한 많다"[113]고 말
하면서 그 사상의 기원을 "자연은 헛수고하지 않는다"[114]는 아리스토
텔레스의 경구와 "자연의 경제 원리"[115]를 암시했던 파푸스(4세기에 활
약함)에까지 거슬러 올라가서 찾는다.

이탈리아의 생리학자 보렐리는 그의 책 ≪동물의 운동≫(1685년)에서 "가능한 한 불편하거나 지루하지 않게 …… 최소 노동으로 활동하는 것이 자연의 영원한 법칙이다"고 썼다.[116]

그와 동시대 인물인 뉴턴은 "자연은 단순함을 좋아하고 쓸데없는 원인들로 겉치장하는 것을 싫어한다"(≪프린키피아≫, 서문)고 했다.

비슷한 시기에 살았던 라이프니츠는 "[이 세계는 - 옮긴이] 있을 수 있는 모든 세계 가운데 최상의 것"이라고 말했다.[117]

라이프니츠보다 훨씬 젊었던 볼테르는 그 구절을 물고 늘어져 신랄한 풍자를 해댔고 세계 문학의 고전 ≪캉디드≫(1756년)를 썼다.

* * *

1760년 라그랑주는 그 사상을 되살리면서 오일러를 좇아서 '최소 작용의 원리'에 정확한 수학적 형태를 부여하고 그것을 "간단하고 보편적인 역학 법칙의 결과"라고 불렀다.[118]

그 과정은 다른 위대한 발견들로 이어졌지만, 지금 여기서는 그 부분을 대강 훑어보는 걸로 만족하고 이어서 '대립물'의 다른 측면을 살펴보자.

해밀턴(1834년)과 그 뒤에 오스트로그라드스키(1848년)는 라그랑주의 '최소 작용' 개념을 일반화했다.[*] 우리가 봤듯이, 1900년에 막스 플랑크는 에너지의 불연속성과 '작용 양자' 개념을 도입했다.

그 개념은 기브스의 통계 연구에서 나타나고, 훗날 19세기에는 볼

---

[*] 오늘날 '작용'을 에너지와 시간의 곱이라는 수학 함수로 정의한 것은 해밀턴에서 유래했다.

츠만, 20세기에는 드브로이의 연구와 슈뢰딩거의 새로운 '파동 역학'에 등장한다.

* * *

경제 원리는 '모세관' 현상과 '표면장력'을 설명하는 데 사용됐고, 독일의 과학자 제그네스가 1751년에 처음으로 이를 언급했다.[119]

라플라스는 1806년 ≪천체 역학≫ 제10부에서 그런 현상을 그림으로 표현하면서, 액체와 기체가 접하는 표면처럼 서로 다른 두 물질의 경계면에 있는 분자들은 아래쪽으로 인력을 받으므로 모든 표면은 '표면 에너지'를 갖게 된다고 설명했다.

표면장력은 '표면이 수축하는' 경향[120], 즉 표면 에너지를 최소화하는 노력, '최소 넓이 원리'로 설명할 수 있다.[121]✦

이것은 또한 액체 방울의 모양이 동그란 것과 한번 녹았다가 굳어진 금속 알갱이의 형태를 설명해 준다(훅, ≪현미경 관찰물 연구법≫, 1665년).[122]

액체 방울, 비누 거품, 풍선뿐 아니라 초기 형성 과정의 생물 세포벽도 부피가 일정할 때 그 표면이 최소가 되는 형태, 즉 구의 형태를 띠는 경향이 있다(L 에레라, ≪최적 조건≫, 1896년, 기타).[123]

* * *

최소 원리는 많은 전기 현상을 설명하는 데 사용된다.

✦ 변증법적으로 생각했던 맥스웰은 비록 예를 들어 설명할 수는 없었지만 '음의 표면 장력'의 존재를 암시했다.[124]

전기는 높은 전위에서 낮은 전위로 흐른다.

가끔 인간의 활동을 묘사할 때 사용되는 '최소 저항의 방침'은 전류도 선호한다.

전기 회로에서 전압(V), 저항(R), 전류(i) 사이의 관계를 정의하는 옴의 실험법칙(1826년), 즉 $V=iR$은 이론적으로는 '최소 열 원리'에서 도출될 수도 있다. 갈라진 회로의 전류는 그 회로에서 발생하는 열이 최소량이 되도록 스스로 나뉜다.[125]

중요한 열전기 효과가 두 가지 더 있다. 1821년 제베크는 서로 다른 두 금속으로 이뤄진 회로의 접합점 온도 차이는 전류를 발생시킨다는 것을 발견했다. 1834년 펠티에는 그 반대 효과, 즉 그런 회로에 흐르는 전류는 온도 차이를 낳는다는 사실을 발견했다. 그리고 의미심장한 것은 제베크의 온도차는 펠티에의 전류와 **반대** 방향으로 흐르는 전류를 발생시킨다는 것이다.

아라고는 1824년 몇 가지 훌륭한 실험 결과를 얻었다. 그는 심지어 구리 같은 비철금속으로 만든 얇은 금속판이라 하더라도 진동하는 물체 밑에 놓아두면 진동이 잦아드는 것을 발견했다. 이와 비슷하게, 회전하는 구리 원판은 자기마당에서 '브레이크가 걸렸다.'

이런 현상을 설명하는 '소용돌이 전류' 이론은 패러데이가 전자기유도를 발견한 다음에 나왔다.

마당場을 가시적으로 표현할 때 매우 귀중한 보조 수단으로 쓰이는 패러데이의 '역선力線'은 스스로 줄어들려는 경향이 있고 자신을 옆으로 밀어내는 경향, 즉 자기 '파괴' 경향도 있다.

전자기유도(1831년 패러데이)와 자기유도(1834년 조셉 헨리)라는 중요한 현상을 관성의 견지에서 변증법적으로 요약한 것은 렌츠의 법칙 (1834년)인데, 그에 따르면 유도전류는 자신을 발생시킨 원인에 저항한다는 것이다.

우리가 '전자기 관성'이라고 부를 수 있는 것을 예증하는 흥미로운 실험이 하나 있다. 교류 전자석 근처에 놓인, 즉 변화하는 자기마당에 있는 가벼운 금속반지는 강력한 기계적 저항에 부딪힌다. 그 반지는 맨 손으로 오랫동안 잡을 수 없을 만큼 가열된다. 반지를 잡고 있던 손을 놓으면, 반지는 퉁겨져 나간다.

* * *

슈뢰딩거의 말을 인용하자면, "아인슈타인의 이론은 중력을 관성의 법칙으로 환원한 것이다."[126](1916년)

* * *

화학에서 이런 현상은 르샤틀리에의 원리(1888년)를 보면 알 수 있다. 즉, 평형을 이루고 있는 어떤 계가 조건의 변화로 혼란스러워지면, 계는 그 변화의 효과를 원상 복구하는 방식으로 반응한다는 것이다.

* * *

생리학에는 "반사호反射弧" 이론이 있다. 어떤 자극에 대한 생명 조직의 반응은 그 자극으로 발생하는 더 이상의 들뜸을 회피하는 것으로 나타난다. 뜨거운 접시를 만지면 무의식중에 떨어뜨리거나 눈부신 빛을 보면 자연스레 눈을 감는 반응이 나타난다.

생리학자들에 따르면, 우리가 영화를 볼 수 있는 것은 바로 이런 눈의 관성, 즉 '잔상' 때문이다.

1873년에 페히너는 안정화 경향이라는 생리학의 원리를 발표했다. 그 원리에 따르면, 유기체는 긴장을 최소한으로(또는 일정하게) 유지하려는 경향이 있다. 긴장의 증가는 고통으로 느끼고 긴장의 감소는 쾌락으로 느끼기 때문이다.

임상 실험을 통해 프로이트는 이 원리를 심리학 분야에서 받아들였다. 그는 다음과 같이 썼다. "일반으로 본능은 생명체가 가진 일종의 탄력성, 즉 외부적 교란 때문에 소멸된 기존 상황을 복구하려는 충동으로 간주된다."[127]

프로이트의 '쾌락 원칙'은 너무나 자주 잘못 표현되고 오해를 받는데, 이것은 다름 아닌 최소 에너지의 원리다.

프로이트는 또한 '사망 본능', 즉 가능한 한 최저 수준의 에너지를 획득하려는 모든 유기체의 경향을 생각해 냈다.

* * *

관성은 인간의 사회적 행위에 작용하기도 한다. 인간은 근본적으로 보수적이고 전통에 짓눌려 있으며 다양한 힘에 사로잡혀 있는데, 그 가운데 적잖은 것이 바로 "습관의 힘"이라고 트로츠키는 지적했다.[128]

레닌은 "전술에 관한 편지"(1917년 4월)에서 "부르주아지는 무력뿐 아니라 계급의식의 결여, 낡은 습관의 고수, 위압적인 국가와 대중조직의 부재 덕분에 지배를 유지할 수 있다"[129]는 사실을 볼셰비키에게 상기시켰다.

1920년에 그는 다시 "부르주아지의 권력은 국제 자본의 힘뿐 아니라, …… 습관의 힘에도 '달려 있다'"[130]고 볼셰비키를 깨우쳤다.

트로츠키는 바로 이런 특성이 진보를 낳는다고 말했다. "사람들은 보통 노동을 하지 않으려고 애를 쓴다. 일하기 좋아하는 것은 결코 타고난 특성이 아니다. 그것은 경제적 압력과 사회적 교육을 통해 만들어지는 것이다. 심지어 인간은 정말로 게으른 동물이라고 말할 수 있을지도 모른다. 사실, 인류의 모든 진보는 상당 부분 바로 이런 특성 위에서 이룩된 것이다. 왜냐하면 인간이 자신의 에너지를 경제적으로 소비하려고 애쓰지 않았다면, 가능한 최대량의 에너지를 얻기 위해 노력하지 않았다면, 기술 발전이나 사회 문화는 결코 없었을 것이기 때문이다. 그래서 이런 견지에서 보면 인간의 게으름이 진보의 동력처럼 보인다."[131]

결정론과 확률*

인류사의 여명기에 칼데아 사람들은 오랜 관찰 끝에 천체 운동의 규칙성을 발견했다. 오늘날 우리는 그들의 우주론을 우습게 여길 수도 있지만 그들의 관찰은 분명히 유용하고 정확한 것이었다.

탈레스는 칼데아 사람들의 '법칙'에 기초한 계산으로 기원전 585년

---

* 이 주제는 엥겔스가 ≪자연 변증법≫의 "우연과 필연" 장에서 논하고 있다(모스크바, 1964년), 221쪽 이하 참조.

의 일식을 예견할 수 있었다.

그리스인들은 몇 안 되는 과학 법칙들을 우리에게 물려줬는데, 광선 반사의 법칙(유클리드), 지렛대의 법칙과 부력의 법칙(아르키메데스)이 그것이다.

수백 년 후에 케플러는 행성의 운동에 관한 법칙을(1609년), 갈릴레이는 낙하운동과 포물선운동에 관한 법칙을 내놓았다(1632년에 출판됐다).

뉴턴은 ≪프린키피아≫(1687년)에서 동일한 운동 법칙이 천체 현상과 지상의 현상에 모두 적용된다는 것과, 중력의 적용에 관한 한 행성도 사과와 다를 바 없다는 것을 대가답게 종합해 보여 줬다.

결정론은 프랑스 유물론자들이 발전시켜 자연과학으로 옮아간 개념인데,[132] 데카르트와 뉴턴의 연구를 계기로 자연과학의 정설로 굳어졌다.

라플라스는 한 유명한 구절에서, 일정한 초기 조건과 운동의 법칙만 알고 있다면 **모든** 사건을 예측할 수 있다는, "데카르트식 이상"[133]에 대한 19세기 초의 자신감을 선언했다.

우주의 현재 상태는 과거의 결과이자 미래의 원인이라고 봐도 된다. 만일 특정 순간에 어떤 지식인이, 자연에 생명을 불어넣는 모든 힘과 자연을 구성하는 모든 존재의 상대적 거리를 파악하고 있고, 그러한 정보를 분석할 능력이 있다면, 그는 우주에서 가장 큰 물체의 운동에서부터 가장 미세한 원자의 운동까지 모두 하나의 법칙으로 수렴할 수 있을 것이다. 그러한 지식인에게 불확실이란 없을 것이며, 미래는 과거와 마찬

가지로 그의 눈에 훤히 보일 것이다.[134]

* * *

1801년 1월 1일에 이탈리아의 천문학자 피아치는, 화성과 목성의 궤도 사이에서 공전하는 소행성 가운데 하나인 세레스를 최초로 발견했다. 세레스는 얼마 지나지 않아 '행방불명'됐지만 가우스는 세레스가 태양의 뒤쪽에서 나타날 때 그 위치를 예견할 수 있었다.

1781년에 윌리엄 허셜은 새로운 행성을 발견하고 천왕성*이라고 이름 지었다. 천왕성의 예견된 위치와 실제로 관찰된 위치가 어긋나자 1845년에 영국의 존 애덤스는 또 다른 행성의 존재와 위치를 예측했고, 프랑스의 르베리에는 독자적 연구로 같은 결론에 이르렀다. 그 행성은 1846년에 독일의 갈레가 처음으로 관측해, 해왕성으로 명명했다.

더욱 정교한 관찰 결과, 천왕성의 공전에서 나타나는 불규칙성을 해왕성의 영향만으로 설명할 수는 없다는 것이 밝혀졌다. 20세기에는 미국의 로웰이 아홉 번째 행성의 존재를 예견했고, 그 행성은 로웰이 사망한 다음 1930년에 톰보가 촬영해 명왕성이라고 명명했다.

슈뢰딩거가 결정론에 대해 언급한 대로 "이 이론은 천체에 적용했을 때 의기양양하게 입증됐다."[135]

* * *

결정론의 개념을 정립한 바로 그 과학자들이 우연, 즉 마구잡이 효

---

* 천문天文의 여신 우라니아의 이름을 땄다.

과의 법칙에 관한 연구의 길을 열었다는 사실은 아이러니다.

이 분야를 연구한 훌륭한 학자들이 많지만, 그들을 모두 언급할 수는 없으므로 몇 명만 소개하려 한다.

갈릴레이(1564~1642년)는 대포 탄환의 운동뿐 아니라 주사위의 확률을 연구했고, 십중팔구 '확률'에 관한 최초의 논문을 썼다.

파스칼(1623~1662년)과 페르마(1601~1665년)는 확률 문제를 논하는 편지를 주고받으면서 확률에 관한 이전의 모든 연구들을 수학적으로 요약했다.

호이겐스(1629~1695년)의 공헌도 있었고, 뉴턴(1642~1727년)은 물질의 분자 이론으로 눈에 보이는 세계의 현상들을 설명할 수 있음을 시사했다.

유명한 핼리혜성을 발견한 핼리(1656~1742년)는 1693년에 사망률 통계를 연구했다.

* * *

특정인이 언제 죽을지 과학적으로 예견할 수 있는 사람은 아무도 없다. 그러나 통계학 덕분에 특정 인구의 몇 퍼센트가 특정 시점에 사망할지는 짐작할 수 있다.

* * *

야곱 베르누이(1654~1705년)는 사후 출간된 ≪확률론≫(1713년)에서 '큰 수大數의 법칙'의 존재와 그것을 사회현상에 적용할 수 있음을 암시했다.

드무아브르(1667~1754년)는 ≪우연론≫(1718년)을 집필한 뒤 확률 그래프를 지칭하는 전문 용어인 '정규 분포 곡선'을 발견했다(1721년경 발견, 1733년 출판).

푸아송(1781~1840년)은 ≪재판에 관한 확률 연구≫(1837년)에서 '큰 수의 법칙'을 명확하게 공식화하고 그것을 "보편적 법칙"이라고 불렀는데, 그 법칙에 따르면, 표본이 많으면 많을수록 평균값에서 편차는 작아진다.[136]

라플라스는, 우리가 봤듯이, 신념에 찬 결정론의 대변인답게 독자적으로 '정규 분포 곡선'을 발견했으며, 그것을 물리학 문제와 수학 문제에 모두 적용했다. 위에 나온 결정론에 관한 인용문은 사실 라플라스의 ≪확률에 관한 철학적 소론≫(1846년)에서 따온 것이다.

벨기에의 천문학자 케틀레(1796~1874년)는 사람의 키를 연구하는 데 통계를 응용한 선구자였고(1835년경), 아마도 통계 곡선을 사용한(1846년) 최초의 인물일 것이다.[137]

가우스(1777~1855년)는 천문 관측에 통계를 응용한 수학 체계를 개발했고 그의 이름을 딴 분포 곡선을 발견했다.

이처럼 과학자들은 혼돈 상태로 보이는 것에도 일정한 '질서'가 있고 그 역도 성립하며, 따라서 통계적이거나 집합적인 진리들이 존재한다고 결론지었다.

맥스웰의 그림 같은 비유에 따르면, "벌떼 속의 벌들이 저마다 이쪽저쪽으로 맹렬하게 날아다니지만, 무리 전체는 제자리에 떠 있거나 천천히 공기 속을 헤엄쳐 간다. 이런 광경을 보면 이것[혼돈 속의 질서 - 옮긴이]을 쉽게 이해할 수 있다."[138]

'통계적 형태'의 다른 사례로는 불꽃,[139] 구름,[140] 분수,[141] 폭포, 모래나 곡식 더미, 굴뚝이나 통풍구에서 나오는 연기나 담배 연기 등을 들 수 있다.

천문학에서는 태양 폭발이나 멀리 떨어진 성운들을 예로 들 수 있다. 과학사에서 유명한 예는 토성의 고리다.

천문학의 많은 수수께끼들을 해명한 갈릴레이는 나쁜 시력과 빈약한 망원경 때문에 자신이 토성의 "귀"라고 불렀던 것의 정체를 죽을 때까지 규명하지 못했다.

토성의 고리들을 처음으로 알아내고 묘사한 사람은 호이겐스다.

맥스웰은 고리들이 고체 덩어리가 될 수 없으며, 수많은 파편들로 이뤄져 있을 수밖에 없다는 것을 수학적으로 증명했다.

* * *

당연한 일이지만, 무수히 많은 분자의 운동에 결정론의 온갖 방정식을 일일이 적용하는 것은 명백히 불가능했으며, 지금도 불가능하다.

완전히 새로운 접근법이 필요했다.

맥스웰의 천재성은 그러한 필요를 충족시켰다(1859년경). 조지 P 톰슨(1892~1975년)의 말을 빌면, 맥스웰은 "혼돈에서 질서를 이끌어 낼 수 있다는 것을 처음으로 이해한 사람이다. 맥스웰은 바로 [입자들의] 운동과 충돌이 임의적이기 때문에 입자들 사이의 에너지 분포는 일정하며 계산될 수 있음을 수학적으로 증명했다."[142]

계 전체는 자체의 법칙을 따른다는 사실은, 계를 구성하는 개체들(분자, 물방울, 벌)이 보여 주는 외관상의 무질서를 보완한다. 과학자들

을 만족시킬 겸 좀 더 정확히 말하자면, 무질서를 '압도한다.'

막스 플랑크는 통계학을 "대규모 효과"의 학문이라고 불렀고, 드브로이는 "대규모 현상"에 관한 학문이라고 불렀다.

막스 보른은 "모든 자연법칙은 사실 개연성의 법칙이다"[143]고 주장했다.

그는 법칙이라는 단어를 강조했어야 했다.

하이먼 레비는 이것을 더 잘 표현했다. "세부적 행위의 다양성과 대규모 행위의 통일성은 결부돼 있다."[144] "근본적 임의성이 모여 체계적 법칙을 구축한다."[145]

* * *

통계학 연구에 생애를 바친 골턴은 ≪자연 상속≫(1889년)에서 다음과 같이 결론지었다.

나는 '결함 발생 빈도의 법칙'에서 나타나는 우주의 경이로운 질서만큼 상상력에 영감을 주는 것을 알지 못한다. 만약 그리스인들이 그것을 알았다면 그것을 의인화하고 신격화했을 것이다. 그것은 가장 어지러운 혼돈 속에서도 지극히 고요하게, 드러나지 않게 지배한다. 군중이 많을수록, 그리고 외관상의 무질서가 심할수록 질서의 지배력은 완벽해진다. 그것은 비합리의 최고 법칙이다. 혼돈 상태의 성분을 담은 표본들을 크기에 따라 정렬하면 너무나 아름다운, 뜻밖의 규칙성이 처음부터 숨어 있었다는 사실을 발견하게 된다.[146]

골턴*은 자신이 "장난감"이라고 부른 장치를 묘사했는데, 그것은 가우스 분포를 응용한 것이다. 균일한 간격으로 못이 박힌 비스듬한 쟁반의 꼭대기에서 모래를 쏟아부으면 '종 모양의 곡선'을 만든다.**

* * *

누구나 한번쯤은 연기나 먼지 입자들이 햇빛 속에서 아무렇게나 춤추는 것을 봤을 것이다. 1827년에 스코틀랜드의 식물학자 로버트 브라운은 물에 탄 꽃가루 알갱이들의 불규칙한 운동에 세계의 이목을 집중시켰다. 비너는 이를 분자들의 충돌 현상으로 설명했고(1863년), 1905년에 아인슈타인과 그와 별개로 스몰루코프스키는 이를 통계학적으로 설명했다.

20세기 초에 이뤄진 '방사능'에 관한 연구 덕분에 우리는 '반감기'라는 개념에 익숙하다. 방사성 원소의 원자들 가운데 어느 것이 특정 시점에 붕괴할지 우리는 알 수 없다. 그러나 우리는, 예컨대 앞으로

---

* 탐험가, 박물학자, 통계학자이자 에라스무스 다윈의 손자인 프랜시스 골턴 경(1822~1911)의 이름은 더 유명한 사촌찰스 다윈의 명성에 가려 빛을 보지 못했다. 골턴의 저작은 더 많은 주목과 연구의 대상이 될 만하다. 골턴은 '우생학'의 옹호자였는데, 우생학이라는 용어도 그가 만들어낸 말이다. '정신 작용 측정 실험'이라는 글(≪브레인≫ 1879년 7월호)에서 골턴은 '연상 작용'을 기록하는 방법을 설명하고, 오늘날 정신분석학에서 '저항'이라고 부르는 현상을 발견했음을 보여 주었다. 당연히 그는 자신의 '연상된 기억'에 통계학을 적용해서 그 기억의 39퍼센트가 어린 시절의 사건들과 관련 있음을 발견했다(당시 지그문트 프로이트는 아직 대학생이었다).[147]

** 오차 곡선에 관한 더 자세한 논의는 톰슨의 ≪성장과 형태≫ 118쪽 이하에서 다루고 있다. 골턴의 '장난감'은 레비의 ≪현대 과학≫ 636쪽에 명쾌한 다이어그램으로 묘사돼 있다.

45억 년 동안 우라늄 원자들 가운데 절반이 붕괴할 것이라고 말할 수는 있다.

* * *

오늘날 통계학과 확률 수학은 자연현상과 사회현상을 연구하는 데 필수적인 도구들이다.

지금까지 언급한 학자들 말고도 찬양되지 않은 미국의 천재 기브스가 있고, 클라우지우스와 헬름홀츠의 열역학 제2법칙을 통계적 기초 위에 구축한 볼츠만, 아인슈타인과 보스, 아원자 입자에 통계를 적용한 페르미와 디랙 등이 있다. 그들의 이론에 관한 논의는 이 책의 범위를 벗어날 염려가 있으므로 생략하자.

하이젠베르크와 슈뢰딩거는 '파동 역학'을 연구하면서 확률 개념을 사용해야 했다. 슈뢰딩거는 다음과 같이 말했다. "이처럼 우리가 직면한 역설은, 물리학자의 관점에서 볼 때, 인과율의 밑바탕에는 우연이 자리 잡고 있다는 것이다."[148]

* * *

그보다 훨씬 전인 1813년에 헤겔은 이 '역설'에 대한 해답을 제공했다. 엥겔스의 말을 빌면, "헤겔은 지금껏 들어보지 못한 새로운 명제를 제시했는데, 그 명제에 따르면, 우연은 그것이 우연이기 때문에 원인이 있고, 똑같이 그것이 우연이기 때문에 원인이 없다. 우연적인 것은 필연적이고, 필연을 규정하는 것은 우연이며, 한편 그 우연은 오히려 절대적 필연이라는 것이다."[149]

≪임금노동과 자본≫에서 마르크스는 상품의 가격에 대해 말하면서, "이 무질서의 운동 전체가 질서로 나타난다"[150]고 지적했다.

≪자본론≫에서 마르크스는 "사회 내의 분업은, 상호 이해관계와 경쟁에서 오는 압력 외에는 어떤 권위도 인정하지 않는 개별 상품 생산자들이 서로 접촉하게 만든다. 동물 세계에서 종種과 종의 대결*이 모든 종의 생존 환경을 어느 정도 보존하는 것과 같은 이치다."[151]

마르크스는 또한 자본주의의 "고유한 법칙은 무질서한 것처럼 보이는 상호 보완적인 불규칙성들의 평균으로만 드러난다"[152]고 말했다.

엥겔스는 ≪루트비히 포이어바흐≫(1886년)에서 다음과 같이 썼다. "우연적 사건들에 내재하는 규칙성"[153] "자연, 그리고 지금까지 대부분의 인류 역사에서, 겉보기에는 끝없는 우연에 지나지 않는 혼란의 와중에도, 이 법칙들은 은연중에 외부적 필요라는 형태로 자신을 관철한다."[154] "그리하여 역사의 영역에서 일어나는 수많은 의지와 개별적 행위의 충돌은 무의식이 지배하는 자연 상태와 완전히 비슷한 사회 상태를 창출한다. 마찬가지로, 역사적 사건들은 대체로 우연의 지배를 받는 것처럼 보인다. 그렇지만 표면상으로 우연의 힘이 우세해 보이는 곳에 사실은 숨겨진 내재적 법칙이 항상 지배하고 있으며, 문제는 그 법칙을 규명하는 것이다."[155]

≪가족, 사유재산, 국가의 기원≫(1888년)의 결론 부분에서 엥겔스는 다음과 같이 썼다. "그러나 우연은 상호 관계의 한 축일 뿐이고,

---

* "인간의 조건은 …… 만인에 대한 만인의 투쟁이다." 토마스 홉스(1588~1679년), ≪리바이어던≫, 1651.

필연이라고 부르는 또 다른 축이 있다. 우연이 지배하는 듯한 자연의 경우에도, 각 영역에 고유한 필연성과 규칙성이 우연의 형태로 자신을 관철시킨다는 사실을 우리는 오래 전에 증명했다. 자연에 적용되는 것은 사회에 대해서도 유효하다."[156]

엥겔스는 편지(1890년)에서 다음과 같이 말했다. "이처럼 수많은 힘들이 작용하고 있고, 무수히 많은 힘의 평행사변형이 역사적 사건이라는 합성력合成力을 낳는다. 이것 자체는 대개 무의식적으로, 그리고 의지와 무관하게 작용하는 어떤 힘의 산물이라고 봐도 될 것이다. …… 따라서 역사는 지금껏 자연현상과 같은 방식으로 전개됐고, 본질적으로 동일한 운동 법칙의 지배를 받는다."[157]

레닌은 마르크스주의 경제학을 요약하며 이렇게 썼다. "분리된 상품 생산자들이 시장을 통해서만 결합되는 사회에서는, 어떤 법칙의 일관성이 드러나는 방식이 사회적이고 평균적이며 거시적일 수밖에 없으며 어느 방향의 개별적 편차든 간에 전체적으로 서로 균형을 이루게 된다."[158]

트로츠키는 마르크스가 "모든 사람이 자신의 이익만 생각하고 아무도 공동의 이익을 생각하지 않는 자본주의 사회에서 어떻게 생활에 필수적인 여러 경제 부문의 상대적 비율이 결정되는가 하는 근본적 수수께끼를" 해결했다고 말했다.

"노동자는 자신의 노동력을 팔고, 농민은 자신의 생산물을 시장에 가져가고, 대출업자나 은행가는 대출을 해 주고, 가게 주인은 다양한 상품을 판매하고, 기업가는 공장을 짓고, 투기꾼은 점포나 주식·채권을 매매한다. 각자 자신의 이해타산이 있고, 자기 나름의 계획이 있으며, 임금이나 이윤에 대해 나름대로 걱정한다. 그럼에도 이런 개별적 노력과 행위의 혼돈에서 비록 조화롭지 못하고 모순적이긴 하지만, 사회의 존속뿐 아니라 발전까지도 가능하게 하는 일정한 경제체제가 나타난다. 이 말은 결국 혼돈은 결코 혼돈이 아니라는 얘기며, 혼돈이 의식적으로 규제되지 않더라도 어떤 방식으로든 **자동적으로 조절된다**는 말이다."[159](강조는 나의 것)

진리와 오류

과학 법칙은 제한적 일반화라는 것을 우리는 이해했다.

엥겔스에 따르면, "진리와 오류는 대립물의 쌍으로 표현되는 다른 모든 개념처럼, 극히 한정된 영역 안에서만 절대적으로 타당하다."[160]

모든 진리는 그것이 제한적인 만큼 오류를 내포하고 있다. 헤겔의 이 명제에 대해 엥겔스는 다음과 같이 논평했다.

철학자의 과제는 진리를 인식하는 것이다. 그런데 헤겔에게 그 진리는 발견하는 즉시 달달 외어야 하는 완결된 교의 체계가 더는 아니었다. 이제는 인식 과정 바로 그 자체에 진리가 있다. 언제나 더 낮은 수준에서 더 높은 수준으로 지식을 끌어올린 과학의 발전 과정, 소위 절대적 진리를 발견함으로써 더는 할 일이라곤 팔짱 끼고 과학의 경이로운 성취물을 감상하는 일만 남아 있을 그런 정점에 결코 다다르지 않은 과학의 긴 역사적 발전 과정 속에 진리가 있다.[161]

헤겔 자신의 말을 빌자면, "보통의 지성이 참과 거짓의 대립을 고정된 것으로 이해할수록 일정한 철학 체계 안에서 일관성 아니면 모순만을 보기 쉬우며, 그런 체계를 설명하는 주장에 대해서도 앞의 두 가지 태도 중 하나를 취하기 십상이다. 그는 다양한 철학 체계를 진보적으로 진화하는 진리로서 이해하지 못하고 오히려 잡다한 모순으로만 여긴다."[162]

마르크스의 ≪철학의 빈곤≫에 붙이는 서문(1884년)에서 엥겔스는 흥미로운 얘기를 한다. "그러나 공식 경제학에서는 그릇된 것이 세계사의 관점에서 볼 때는 올바른 것일 수도 있다."

형식논리학

고전적인 아리스토텔레스 논리학의 기본 전제는 **동일률**, 즉 어떤 것은 그 자체와 동일하다는 명제다. 이것을 공식으로 표현하면 'A는 A다'가 된다.

그 부정형, 즉 **모순율**은 어떤 것은 결코 그 자체와 다를 수 없다는 명제다. A는 A가 아닌 것non-A이 아니며 그렇게 될 수도 없다.

이 둘을 결합하면 세 번째 법칙인 **배중률**이 된다. A는 B이거나 B가 아닌 것non-B이며, 둘 다일 수는 없다.

특별한 공식들이 과학의 각 분야에서 매우 중요한 구실을 했던 것처럼, 아리스토텔레스가 자기 체계의 기초로 삼은 형식논리학의 이 세 가지 법칙은 인간 사유의 역사에서 엄청나게 큰 영향을 미쳤다.

까마득한 옛날에 인간은 똑같은 태양이 날마다 떠오른다는 사실을 깨달았을 것이다. 그러나 날마다 새로운 태양이 떠오르고 한번 진 태양은 바다 밑으로 가라앉는다는 아메리카 인디언의 전설도 있었다.

'샛별'과 '개밥바라기'는 똑같은 금성金星이 하늘의 다른 위치에서 나타난 것이라는 사실을 피타고라스가 발견하면서 천문학은 비약적으로 발전했다.[163]

물질은 어떻게 조합하고 분열시켜도 결코 생성되거나 소멸될 수 없다는, 물질 보존의 법칙이 발견되면서(1756년 로모노소프, 1774년 라부아지에) 화학은 새로운 기반을 구축했다. 화합물은 그것이 어떻게 만들어졌든 모두 똑같은 것이라는 프루스트의 일정성분비의 법칙은 동일률의 화학적 응용에 지나지 않는다. 곧 A는 A라는 얘기다.[164]

열-에너지 등가 공식(1798년 럼퍼드, 1843년 줄)과 에너지 보존 법칙의 발견(1842년 마이어, 1847년 헬름홀츠)은 물리학과 생리학에 새로운 지평을 열었다.

생물학의 [종별 ─ 옮긴이] 분류법은 (아리스토텔레스에서 린네까지) 동일률을 적용한 것일 뿐이다.

조지 노백이 다음과 같이 쓴 것도 결코 무리는 아니다.

우리는 의식적으로든 무의식적으로든 이 법칙을 따르지 않고서는 올바르게 생각할 수도, 행동할 수도 없다. 만약 매순간이나 매일 우리 자신이 같은 사람이라는 사실을 망각한다면 우리는 혼란에 빠질 것이다(실제로 기억상실증 등의 정신 질환 때문에 자기 정체성을 의식하지 못하는 사람들도 있다). 그러나 동일률은 인간의 의식뿐 아니라 그 밖의 우주

만물에 대해서도 타당하다. 사회생활에 대해서도 그것은 언제 어디서나 적용된다. …… 모든 지적 행위뿐 아니라 모든 과학이 부분적으로 이 동일률에 의존한다.

동일률 덕분에 우리는 다양한 것들 사이의 유사성을 알아볼 수 있고, 변화 속에서도 변함없는 요소를 구별할 수 있으며, 겉보기에는 상이한 실체와 사례들이 공유하는 근본적인 공통점을 포착하고 그것들 사이의 진정한 연관의 끈을 찾아 낼 수 있으며, 동일한 현상에서 일어나는 연속적이고 상이한 여러 단계들 사이의 연관을 추적할 수 있다.[165]

그렇지만 우리는 이미 존재하는 것은 모두 대립물의 통일이라는 사실을 확인했다. 그리고 제논은 화살은 거기에 있거나 없거나 둘 중 하나라는 동일률을 운동에 적용하면 동일률은 무너지고 만다는 것을 보여 줬다.

플레하노프는 재미있는 에세이 ≪변증법과 논리학≫[166]에서, 그리고 최근에는 조지 노백이 그의 꼼꼼한 연구 논문 ≪마르크스주의 논리학 입문≫[167]에서 헤겔의 선례를 따라 형식논리학의 한계를 보여 줬다.

간단히 말하면, 형식논리학은 첫째, 특정한 한계 내에서만 적용 가능하며 둘째, 연속성이 있다는 것을 전제할 때, 다시 말해 변화가 없다는 것을 전제할 때만 적용할 수 있다.

변화가 보편적이라는 사실을 안다면, 우리는 형식논리학의 법칙들이 중요하고 유용함에도 극히 제한된 범위 안에서만 타당하다는 것을 즉시 알 수 있다.

헤겔이야말로 논리학의 법칙들을 수정하고 적용 범위를 확장해서 그것들을 변화하는 현상에 적용할 수 있게 만든 주역이다. 그는 논리학을 동적인 학문으로 변모시키고 그것을 변증법이라고 불렀다.

동일성과 차이

아리스토텔레스는 동일성과 차이는 서로 배타적인 것이라고 생각했다. 헤겔에게 동일성과 차이는 하나의 통일체다.

아리스토텔레스의 형식 논리에서는 A는 A이며 결코 A가 아닌 것 non-A이 아니다. 헤겔 변증법에서는 A는 A일 뿐 아니라 non-A이기도 하다.

그래서 오토 룰레가 지적했듯이, 낡은 논리학은 "모든 것은 그 자신과 동일하며, 그 자신과 모순되는 것은 아무것도 없다"고 주장한 반면, 헤겔은 "그 자신과 동일한 것은 아무것도 없고, 모든 것은 그 자신과 모순된다"고 반박했다.[168]

헤겔은 낡은 논리학을 이렇게 비판했다. "이런 형이상학적 사고는 대상 자체가 자유롭게 발전하면서 자기 규정하는 것을 부정하고, 오히려 대상을 이미 완성된 어떤 것으로 이해한다는 점에서 객관적으로 올바르지 않으며 부자유스럽다. …… 이러한 형이상학은 교조적이다. 왜냐하면 궁극적 정의의 본질에 따라 두 가지 대립되는 견해 가운데 …… 하나는 반드시 옳고 다른 하나는 반드시 틀렸다는 것을 전제해야 하기 때문이다."[169]

헤겔은 변증법을 이와 대조하면서 다음과 같이 말했다. "우리는 추상적 오성의 가르침인 배중률을 설교하지 않고 모든 것은 대립물이라고 말해야 한다. 일반 상식과는 달리 하늘과 땅, 정신세계와 자연계 그 어디에도 그처럼 추상적인 '양자택일' 따위는 존재하지 않는다. 모든 존재는 구체적이며, 자체 내에 차이와 대립을 포함하고 있다."[170](강조는 나의 것)

헤겔은 낡은 논리학을 비꼬아 말하기를, "비록 증명할 수는 없지만 동일성의 교리가 모든 의식 활동을 조절하고, 경험 속에서도 의심의 여지없이 입증된다는 주장이 있다. 이렇게 논리학 책에서 얘기하는 '경험'과는 정반대로, 어느 누구도 그런 법칙에 따라 사고하거나 말하거나 관념을 형성하지 않으며, 어떤 존재도 그런 법칙을 따르지 않는 것이 보편적 경험이다. 이 가짜 법칙을 본뜬 말(행성은 행성이다. 자기력은 자기력이다. 정신은 정신이다)에는 바보 같다는 평판이 딱 어울린다."[171]

헤겔은 대부분의 문장이 'A는 A이다'(사람은 사람이다)라는 형식을 따르는 것이 아니라 'A는 B이다'(사람은 죽게 마련이다)처럼 구체적 진리를 나타내는 형식을 취한다고 지적하면서 동일성과 차이의 통일을 암시했다.[172]

거트루드 스타인의 "장미는 장미로다"는 달콤한 시구일지 모르나, 헤겔의 말을 빌자면 "참을 수 없이 공허한"[173] 동일성 명제다.

마르크스는 다음과 같이 논평했다. "서로 다른 것들을 보면 그들 사이의 동일성을 보지 못하고 비슷한 것들을 보면 그들 사이의 차이를 보지 못하는 것이 상식적인 사람들의 허풍스런 태도다. 그들은 아마 뚜렷하게 구별되는 성질을 발견하면 소스라쳐 놀랄 것이다."[174]

엥겔스는 "차이와 대립되는 추상적 동일성은 오직 수학에서만 유효한데, 그것은 수학이 사유의 창조물을 취급하는 추상적 학문이기 때문이다"고 지적했다.

헤겔과 같은 견해에서, 엥겔스는 사람들이 "존은 사람이다", "백합은 식물이다", "장미는 빨갛다" 등의 말을 할 때, 즉 하위개념과 상위개념을 등치시킬 때, "술어와 주어가 다를 수밖에 없는 모든 문장에서, 동일성 자체 안에 차이가 포함돼 있다는 사실이 드러난다. …… 자명한 일이지만, 자신과의 동일성은 처음부터 다른 모든 것과의 차이를 그 보완물로 요구한다"[175]고 주장했다.

엥겔스는 불평하기를, "자연과학자들 대부분은 동일성과 차이가 서로 조화할 수 없는 대립물이라고 생각한다. 그러나 동일성은 차이를 포함하고 있으며 둘은 상호작용을 통해서만 진리를 보여 주는 두 극단이다."[176]

엥겔스는 콘라드 슈미트에게 부담 없이 써 보낸 편지에서 동일성과 차이의 통일에 관한 실제적 예를 제시했다.

예컨대 신랑인 당신과 신부 사이에는 결코 따로 떼어 놓을 수 없는 동일성과 차이가 분명히 함께 있습니다. 이성 간의 사랑이 차이 속의 동일성에서 비롯한 쾌락인지 동일성 속의 차이에서 비롯한 쾌락인지는 잘라 말하기가 불가능한 것입니다. 차이(여기에서는 성의 차이)와 동일성(둘의 인간 본질) 가운데 하나라도 제거한다면 과연 무엇이 남겠습니까?[177]

우리는 엥겔스의 말에 선뜻 동의할 수 있다. 남성의 남성됨은 여성이 없다면 무의미할 것이다. 두 성은 인간의 상호 보완적이고 세분된 합성물이다.

대립물의 통일

스테이스는 헤겔 철학에 대한 그의 탁월한 평론에서 변증법의 이 측면[대립물의 통일 — 옮긴이]을 다음과 같이 요약했다.

> 헤겔의 과감함과 독창성은 두 대립물이 서로 반대되면서도 동일하다는 것이 논리적으로 가능함을 자세히 보여 주고 설명했다는 점에 있다. …… 만약 A는 A이고 무한은 무한이라면, A는 영원히 A이어야 하고 무한은 무한이어야 하며, 따라서 영원히 열매 없는 존재로 남아야 하며, 그런 조건에서는 유한한 우주가 결코 탄생할 수 없다. 오직 존재가 비존재를 포함하듯이 무한이 유한을 포함하고, 무한이 유한이며, A가 non-A일 때, 비로소 이 문제는 해결될 수 있다.
> 　대립물들의 동일성이 대립물들의 대립을 배제하지 않음을 이해하는 것은 대단히 중요하다. A와 non-A는 같다. 그러나 둘은 다르기도 하다. 이는 대립물의 **동일성**일 뿐 아니라 **대립물**의 동일성이기도 하다. 대립은 동일성과 꼭 마찬가지로 실재한다.[178]

이에 덧붙여, 스테이스는 서양의 사상가들이 차이를 강조하고 동일성을 무시했다고 말했다. 그들은 A는 non-A가 아니라고 주장했다는 것이다. 반면에, 인도의 베단타 철학(범신론적인 관념론적 일원론으로서 바라문 사상의 정통 — 옮긴이)자들은 동일성을 강조하고 차이를 무시했다. 그들은 A는 A라고 주장했다. 헤겔은 A는 non-A라고 말했다.[179]

헤겔은 극성極性을 인정하는 한편 극과 극은 "**분리할 수 없이 구분된다**"[180]고 역설했다.

엥겔스는 다음과 같이 썼다. "더 깊이 조사해 보면 대립물의 양극은 마치 양陽과 음陰처럼, 서로 대립하는 것만큼이나 서로 떨어질 수 없으며, 모든 대립에도 불구하고 서로 관통한다는 것을 알 수 있다."[181]

대립물의 공존과 통일과 상호 침투를 인정하는 변증법과 달리 형이상학은 공허한 추상적 개념들을 제시한다.

엥겔스는 형이상학자들을 이렇게 비판했다.

형이상학자는 사물이나 사물의 정신적 반영인 사상이 경직되고 고정되고 이미 정해진, 각각 따로 고찰해야 하는 고립된 연구 대상이라고 믿는다. 그는 절대 화해할 수 없는 대립의 관점에서 생각한다. …… 그가 보기에는 사물은 존재하거나 그렇지 않으면 존재하지 않는다. 사물은 그 자체인 동시에 그와 다른 어떤 것일 수 없다. 양과 음은 서로 완전히 배제한다. 원인과 결과는 엄격하게 서로 대치한다.[182]

엥겔스는 콘라드 슈미트에게 보내는 편지에서도 같은 요지를 반복했다.

이런 신사들 모두 부족한 것은 변증법입니다. 그들은 언제나 여기서는 원인만 보고 저기서는 결과만 봅니다. 이것이 공허한 추상이라는 것을, 그런 형이상학적이고 극단적인 대립은 위기 상황을 제외하면 현실에서 존재하지 않는다는 것을, 크게 보면 모든 것은 상호작용에 따라 진행된다는 것을, 그러나 상호작용하는 힘들은 매우 불균등하고 그 가운데 경제적 운동의 힘이 가장 강력하고 가장 원초적이며 가장 결정적이라는 것을, 또한 여기서는 모든 것이 상대적이고 절대적인 것은 아무것도 없다는 것을 그들은 겨우 깨닫기 시작했습니다. 그들에게 헤겔은 없는 존재나 마찬가지입니다.[183]

레닌은 다음과 같이 썼다. "변증법의 진정한 의미는 **사물의 본질 자체**에 있는 모순을 연구한다는 것이다. 사물의 현상뿐 아니라 그 본질 또한 덧없고, 변덕스러우며, 유동적이고, 관습적 경계선으로만 한계 지워진다."[184]

헤겔에 따르면 변증법적으로 생각하는 것은 "대립을 그 통일 속에서 이해하는 것"[185]이라고 레닌은 지적했다.

그는 "요컨대 변증법은 대립물의 통일에 관한 원리라고 정의할 수 있다"[186]고 말했다.

"하나를 [둘로 ─ 옮긴이] 나누고 그 모순된 부분들을 인식하는 것이 …… 변증법의 핵심('본질적 요소들' 가운데 하나, 즉 주요 특징들이나 특성들 가운데 하나)이라고 할 수 있다."[187]

약 2300년 전에 헤라클레이토스는 우주를 지배하는 원리는 대립이라고 선언했는데, 그의 천재성은 높이 평가할 만하다.[188] 모든 것은 대

립하는 힘들의 균형이며 대립하는 힘들의 싸움터다.[189] "차이가 조화의 정수다."[190]◆

* * *

이제 다음 장으로 넘어갈 때가 됐으므로 논의를 정리하자.

화학에는 산화-환원, 촉매-억제, 분해-합성, 발열-흡열 등등의 반대 과정들이 있다.

패러데이의 전기 분해 장치에는 음극과 양극의 전극이 있다. 스반테 아레니우스의 이온 이론은 양이온과 음이온에 관한 것이다.

핵물리학에는 불행하게도 오늘날 잘 알려진 핵융합과 핵분열 현상이 있다.

식물학자들은 모든 식물 생리학 현상들이 대립의 원리에 따른다고 말한다. 새싹이 빛을 향해 자라는 성향을 가리키는 굴광성屈光性과 뿌리가 빛을 피해 자라는 성향을 지칭하는 배광성背光性은 서로 보완한다. 중력이 끌어당기는 방향으로 뿌리가 자라는 성향인 굴지성屈地性은 싹 부분의 배지성背地性과 대립한다. 뿌리가 물을 향해 끌리는 성향인 굴수성은 싹의 그 반대 성향과 균형을 이룬다. Haptotropism, 즉 뿌리가 단단한 물질을 피해 가는 성향은 덩굴줄기가 단단한 물체를 감아 오르는 성향과 상호 보완한다.

◆ 우리가 알다시피 대립물 개념의 기원은 아낙시만드로스까지 거슬러 올라간다(61쪽).
피타고라스도 대립물의 존재를 인식했지만 '중용'을 추구함으로써 대립을 조화시키는 데 급급했다(조지 톰슨의 《아에스킬로스와 아테네》, Lawrence and Wishart, 210쪽 참조).

명백한 예외들을 제외하면, 이러한 '반대되는' 성향들 없이는 어떤 식물도 자랄 수 없다는 것을 쉽게 이해할 수 있다.

조직학에는 세포의 극성이라는 것이 있는데, 이것은 태아의 세포나 재생력이 있는 세포에서 특히 두드러진다.*

1874년에 브뤼케는 생리학적 힘을 더 깊이 연구해 보면 궁극적으로 인력과 척력, 이 두 가지로 환원될 것이라고 자신했다.[191]

생리학적으로 자극에 대한 응답에는 흥분과 억제가 있다.

이반 파블로프는 "덧붙여 말하건대 이 두 가지 과정은 공존하며, 신경 활동에서 똑같이 중요하다"[192]고 말했다.

비슷한 예는 한없이 더 많지만 이제 그만 끝맺을 때도 된 듯하다.

* * *

만약 우리가 메피스토펠레스의 경고를 무시하고 "여러 과학들 사이에서 배회했다" 하더라도, 그것은 결코 "헛수고"가 아니었다.[193]

우리가 살펴본 모든 현상에서 헤겔과 헤라클레이토스가 말한 대립물의 존재와 통일을 확인할 수 있었다.

1935년에 슈뢰딩거는 자신이 몸담고 있던 특정 물리학 분과의 상황에 대해 이렇게 얘기했다.

우리가 직면한 심오한 논리적 대립은 다음 두 가지 사이에 나타난다. 이것 아니면 저것(입자 역학)

---

* 이 주제는 달시 톰슨이 ≪성장과 형태≫ 282쪽 이하에서 권위자답게 상세히 논하고 있다.

이것인 동시에 저것(파동 역학)[194]

이보다 60년 전인 1875년에 엥겔스는 그의 미간행 노트에 다음과 같이 썼다.

"단단하고 확고한 경계선이나 무조건적이고 보편타당한 '이것 아니면 저것'을 배척하는 변증법, 고정된 형이상학적 차이들을 서로 연결하는 변증법, '이것 아니면 저것' 말고도 적재적소에서 '이것인 동시에 저것'을 인식하며 대립물을 화해시키는 변증법이야말로 지금까지 인간의 사유가 도달한 최상의 유일하게 올바른 사고방식이다."[195]

쉴러가 철학자들과 과학자들에게 다음과 같이 경고할 수 있었던 것은 아마도 철학적 직관 덕분이 아니었을까.

"서로 적대하라! 화해의 시기는 무르익지 않았다.

그대들은 서로 다른 길을 통해서만 진리에 이를 것이다."[196]

07

모순을 통한 발전

진리는 상충을 통해

'변증법dialectics'이라는 말은 '논쟁적'이라는 뜻의 그리스어 형용사 'dialektike'에서 유래했다.*

소크라테스는 대화와 토론과 논쟁을 통해 진리에 도달하는 방법, 가끔 '산파술'이라고도 불리는 방법을 완성했다고 한다.

어떤 명제가 반박당하면, 반박하는 명제와 원래 명제가 융합해서 새로운 명제가 정립된다. 이 새로운 명제가 또다시 반박당하면서 진리에 점점 더 가까워진다.

오래 전에 시인 괴테는 어떤 문제에 대한 해결책도 그 안에 새로운

---

* 'dialektike'는 보통 'techne'(예술, 공예, 과학)와 호응하는 여성형 형용사라는 것을 내게 알려 준 고故 조지 위크레마나야케 교수께 감사한다.

문제를 품고 있다고 말했다.[1] 근래에 과학자 막스 플랑크는 "한 가지 문제에 대한 해답은 가려져 있던 다른 문제를 들춰 낼 뿐"[2]이라고 지적했다. 닐스 보어는 종종 제자들에게 "내가 내뱉는 문장 하나하나는 확언이 아니라 질문으로 이해해야 한다"[3]고 말했다.

피히테의 공식은 이러한 과정을 가장 잘 요약하고 있다.

정립 - 반정립 - 종합.
종합 - 종합의 반정립 - 더 높은 차원의 종합 등등.[4]

마르크스는 비슷한 재담을 하면서, 변증법이 차이점들을 "제안"하고 "대립"시키고 "통일"시킴으로써 진리에 다가간다고 말했다.[5]

언젠가 레싱은 이렇게 말했다. "진리란 무릇 논쟁을 통해 획득되는 것이다."[6]

마르크스는 초기 저작에서 지적했다. "결과는 물론이고 결과에 이르는 과정 또한 진리의 일부다. 진리 탐구 자체가 진리이며, 진정한 탐구는 전개되지 않은 진리로서 그 진리의 분리된 요소들은 결과에서 통합된다."[7]

레닌은 종종 "진리는 과정이다"[8]고 되뇌었다. 아내인 크룹스카야에 따르면 레닌이 특히 즐겨 인용하던 말은 다음과 같은 프랑스 속담이었다. "진리는 상충하는 의견들의 결과다."[9]◆

◆ 이와 관련해서는, 경주마들은 의견 차이 때문에 달린다는 마크 트웨인의 말을 떠올리지 않을 수 없다.

마르크스주의는 진리에 도달하는 그 밖의 방법을 인정하지 않는다. 만물의 궁극적 진리에 관한 영적인 계시 따위는 있을 수 없다. 실제로 마르크스는 "여기에 진리가 있나니 그 앞에 무릎을 꿇을지어다"는 식으로 말하는 '교조주의자들'을 비판했다.[10]

트로츠키는 특정한 상황에 관해 이렇게 썼다.

"최초의 노동자 국가가 거쳐야 할 올바른 궤도를 미리 설정해 주는 경전은 없다. 사회주의 사회로 가는 포장도로를 알고 있는 두뇌는 있지도 않고 있을 수도 없다. 경제 방침과 정치 방침은 오직 경험을 통해 결정해야 하며, 끊임없는 의견 충돌에 바탕을 둔 집단적 방법으로 해결해야 한다."[11]

변화의 원인

단지 사상의 영역에서만 모순이 변화를 일으키는 것은 아니다.

자연의 만물은 모순을 일으키며 진보한다.

인류는 지적 발달의 초기 단계에, 외적인 작용이나 원인이 어떤 변화나 결과를 일으킬 수 있다는 것을 알게 됐다. 실제로, 원시 인류가 처음으로 본능이 아닌 동기에서 했던 행동을 보면 이런 원리를 인식하고 있었다는 것을 알 수 있다(동물심리학자들은 동물도 그런 능력이 있다고 주장할지 모르지만 거기까지 다루려면 논지를 벗어나야 한다).

얼마 지나지 않아 원인과 결과 사이의 관계를 밝히려는 시도가 있었다.

인류 사상사를 한참 건너뛰어서, 그러한 관계를 밝히는 과학적 공식 가운데 가장 중요한 것 하나를 살펴보자.

고전역학은 아이작 뉴턴의 공식들(≪프린키피아≫, 1687년)에 힘입은 바가 큰데, 뉴턴의 첫 번째 운동 법칙은 힘이 물체를 가속시키고 물체의 등속 직선 운동이나 정지 상태에 변화를 일으키는 외적 요인이라고 정의했다.

발전에 대한 이러한 관점은 변화의 요인을 외부적인 것으로 본다.

뉴턴은 힘과 가속을 원인과 결과로 대치하면서 힘은 질량과 가속도를 곱한 것과 같다는 간단한 운동 법칙(제2법칙)을 발견했다.

이 법칙은 오늘날 '역학의 기본 정리'[12]로 알려져 있고, 물리 세계를 연구하는 데 엄청나게 중요하다는 것이 입증됐다.

이 법칙의 발견은 과학사의 획기적 사건이었다.

* * *

헤겔은 뉴턴의 관점을 비판했다. 그는 머릿속에서 분리할 수 있는 것을 자연에서는 분리할 수 없다고 주장했다. 뉴턴의 법칙에 관한 그의 견해를 인용하면, "외부적 운동과 본질적 운동을 이런 식으로 분리하는 것은 경험이나 운동의 성질과도 어긋나고 오직 추상적 반성에만 들어맞는다. 그것들을 구별하는 것 — 수학적으로 별개의 직선으로 취급하고 별개의 양적 요소처럼 묘사하는 일 등 — 은 필요하지만 그렇다고 해서 그것들을 물리적으로 독립된 존재로 이해해서는 안 된다."[13]

헤겔은 탈레스의 견해에 관해 "자석에 끌어당기는 힘이 있다고 말하는 것보다 …… 자석에 영혼이 있다고 하는 편이 낫다. 힘은 ……

물질에서 분리할 수 있는 …… 일종의 특성이지만 영혼은 …… 물질의 본질과 동일한, 운동 그 자체다"[14]*고 논평했다.

* * *

헤겔은 달랑베르가 ≪역학론≫(1743년)에서 뉴턴의 법칙을 변증법적으로 정식화한 것을 몰랐음에 틀림없다.

달랑베르는 뉴턴의 제2운동 법칙에 관한 오일러의 공식 $F = ma$ (힘 F는 질량 m과 가속도 a의 곱과 같다)에서 — 여기서 F와 a는 벡터(방향을 가진 양)다 — ma를 이항해서 $F-ma=0$ 이라는 식을 구했다. 그는 $-ma$를 음의 벡터 I로 표기해서 뉴턴의 법칙을 이렇게 나타냈다. $F+I=0$.[15]

* * *

모든 체계는 그 내적 모순 때문에 변한다는 사실, 또한 모든 것은 그 자체에 내재된 대립물의 통일 덕분에 스스로 운동하고 발전하기 마련이라는 사실에 사람들의 관심을 모은 것은 헤겔이 이룩한 불멸의 업적이다.

* * *

이러한 발상은 헤겔 전에도 물론이고 고대에도 있었다.

로마의 시인 오비디우스(기원전 43년~서기 17년)는 "탄생하는 모든

---

* "영혼이 있다"는 표현보다 "살아 있다"는 표현이 더 정확하다.

형상은 그 안에 변화의 씨앗을 잉태하고 있다"고 노래했다.

벤자민 프랭클린(1706~1790년)은 "모든 동물은 여타의 고유한 씨앗들과 함께 자신을 멸망시킬 질병의 씨앗을 갖고 세상에 나온다"[16]고 말했다.

모순

헤겔은 대립물의 공존, 통일, 그리고 상호 침투가 모든 것을 근본적으로 불안정하게 하고 변화·발전시키는 내적이고 고유한 모순의 구성 요소라고 지적했다.

그는 다음과 같이 말했다. "불변의 것으로 여겨지는 대립물들, 예컨대 무한과 유한, 개별과 보편은 모두 모순적인데, 어떤 외적 관계 때문에 그러한 것이 아니라 그것들이 그 자체 내에서 스스로 변환하기 때문에 그렇다."[17]

헤겔은 "모든 것은 자기모순"[18]이라고 주장했다.

모든 것에 내재하는 모순은 자기 운동을 낳는다.

《엔치클로페디》에서 헤겔은 다음과 같이 썼다. "다른 무엇보다 모순이 세계를 움직인다. 그리고 모순을 생각할 수 없다는 말은 웃기는 소리다."[19]

《논리학》에도 다음과 같은 내용이 있다. "모순은 모든 운동과 활력의 원천이며, 오직 모순을 품고 있는 것만이 자극받고, 활동하며, 운동할 수 있다."[20]

모순은 "모든 자기 운동의 원리"[21]다.

간단히 말해, "모순이 진보를 이끈다."[22]

헤겔에 따르면, 모순이 없는 것은 "자체 안에서 아무것도 산출하지 못한다."[23] "추상적 자기 동일성은 생명력이 없다."[24]

헤겔은 다음과 같이 설명했다. "어떤 것이 움직이는 것은 그것이 한 순간에는 여기에 있고 다른 순간에는 저기에 있어서가 아니라 똑같은 순간에 여기에 있는 동시에 없기 때문이며, 똑같은 장소에 있는 동시에 없기 때문이다. 우리는 운동 속에서 모순을 증명한 옛 변증법 철학자들을 존중해야 한다. 그러나 여기서 중요한 것은 운동이 존재하지 않는다는 것이 아니라 오히려 운동은 현존하는 모순이라는 사실이다."[25]

헤겔이 옛 변증법 철학자라고 부른 사람 가운데 하나는 제논이다. 다른 하나는 헤라클레이토스인데, 그는 "모든 것은 투쟁을 통해 일어나고", 투쟁은 만물의 "아버지"라고 주장했을 만큼 뛰어난 직관의 소유자였다.[26]

마르크스는 헤겔의 내재적 모순 개념을 받아들여 "헤겔식의 모순이 …… 변증법의 주요 원천"[27]이라는 사실을 인정했다(강조는 나의 것).

마르크스는 "변증법적 운동을 구성하는 것은 서로 모순되는 두 측면의 공존과 충돌 그리고 새 범주로의 융합이다"[28]고 말했다.

1880년, 미국의 기자 존 스윈튼이 노년의 마르크스에게 미래에 어떤 일이 있을 것이라 생각하느냐고 질문했을 때 마르크스는 "투쟁!"이라고 대답했다. 이 말은 삶의 법칙을 한 마디로 요약한 것이다.[29]

≪반뒤링론≫ 초고에서 엥겔스는 다음과 같이 썼다. "대립물. 어떤

것이 그 대립물과 만나면 자기모순에 빠지게 되고, 그것은 머릿속에서도 그렇게 표현된다. 예컨대 여전히 자기 동일성을 유지하면서도 끊임없이 변화하는 것 속에는 '관성'과 그 대립물인 '변화'라는 모순이 존재한다."[30]

우리는 모든 것이 대립물의 통일이라는 것을 알기 때문에 모든 것이 자기모순적이고, 불안정하며, 변화·발전한다는 것도 알 수 있다.

레닌은 "변증법은 …… 대상의 핵심 자체에 존재하는 모순에 대한 연구"[31]라고 말했다.

레닌은 다음과 같이 요약했다. "우주의 모든 작용들의 '자기 운동'과 자생적 발전과 실제 활동을 이해하려면 그것들을 대립물의 통일로 이해해야 한다. 발전은 대립물의 '투쟁'이다. …… 운동과 발전이 절대적인 것과 마찬가지로 상호 배타적인 대립물의 투쟁도 절대적이다."[32]*

로자 룩셈부르크는 다음과 같이 말했다. "역사는 모순을 통해 발전하며, 모든 필연과 함께 그 대립물을 세상에 보낸다. 자본주의적 사회 조건은 역사적 필연임에 틀림없지만 자본주의에 맞서는 노동자 계급의 반란 역시 필연이다. 자본의 등장이 역사적 필연인 것과 마찬가지로, 자본의 무덤을 파는 사회주의 프롤레타리아의 등장도 필연이다."[33]

* * *

1892년에 프로이트는 의식적인 정신 활동을 방해하는 '정반대' 관

---

* 그러나 레닌은 다음과 같이 경고하기도 했다. "적대와 모순은 분명히 다르다. 사회주의에서 전자는 사라지고 후자는 남을 것이다."[34]

념들의 존재를 찾으려고 했다.[35]

정신분석학상의 '억압' 개념에 대해 프로이트는 다음과 같이 말했다. "우리는 그것이 대립하는 정신적 힘이 충돌한 결과라고 동태적으로 설명한다. 그리고 그것은 서로 대립하는 두 정신적 집단이 능동적으로 투쟁하면서 나타나는 것이라고 본다."[36]

08

대립물의 자기 변형

헤겔은 모순이 발전을 일으킨다는 것을 보여 줬을 뿐 아니라, 발전이 '부정'을 낳는다는 것을 지적하기도 했다. 부정이란 어떤 현상이 스스로 그 대립물로 모습을 바꾸고, 어떤 존재 형태가 자신의 대립물로 대체되며, 모든 것이 자신을 억제하는 현상을 뜻한다.

헤겔은 ≪엔치클로페디≫에서 다음과 같이 썼다. "그러나 일정한 사물은 외부와 경계 지어져 있을 뿐 아니라 그 자체의 성질 때문에 반드시 파괴되고 자체의 대립물로 바뀌게 돼 있다는 데 문제의 본질이 있다."[1]

헤겔은 다음과 같이 설명했다. "예를 들어 우리가 인간은 죽게 마련이라고 말할 때, 인간의 죽음이 단지 외부 환경 때문이라고만 생각하기 쉽다. 그래서 만일 이러한 관점이 옳다면 인간에게는 생명력과 죽음의 운명이라는 두 가지 특성이 있을 것이다. 그렇지만 이 문제에

대한 정답은 생명이 죽음의 싹을 내포하고 있으며, 유한한 것은 근본
적으로 자기모순적이기 때문에 자신을 억제한다는 것이다."[2]

헤겔에 따르면 이러한 변증법적 자기 변형은 보편적이다. ≪엔치
클로페디≫에서 다시 인용하면,

어디든지 운동이 있거나, 생명이 있거나, 실제 세계에서 효력을 나타내
는 그 무엇이 있다면 그 곳에는 변증법이 작용하고 있다. 변증법은 또
한 진정으로 과학적인 모든 지식의 정수이기도 하다.

변증법은 의식의 모든 층에서, 그리고 일상적 경험에서 느끼는 법칙
을 표현한다. 우리 주변의 모든 것은 변증법의 실례라고 보면 된다. 모
든 유한자는 궁극적인 불변의 존재가 아니라 오히려 가변적이고 일시
적이라는 사실을 우리는 알고 있다.[3]

≪논리학≫에서 헤겔은 거듭 주장했다.

오성悟性이 예증하는 바에 따르면 관념은 자기모순적이다. 왜냐하면 예
컨대 주관은 단지 주관일 뿐이고 언제나 객관과 대립하기 때문이다. 존
재는 관념과 판이하게 다르며 관념에서 존재를 이끌어 낼 수 없다는 것
도 마찬가지다. 유한자는 오직 유한자로서, 정확히 무한자의 반대이고,
따라서 둘은 동일하지 않다. 다른 모든 규정에 관해서도 똑같이 말할
수 있다. 그러나 논리학은 이 모든 것의 정반대를 보여 준다. 즉, 주관
일 뿐인 주관, 유한자밖에 될 수 없는 유한자, 무한자여야만 하는 무한
자 등등은 진리가 아니고 자기모순적이며 그 대립물로 변한다.[4]

하나의 예로서, 헤겔은 어떤 추상적 정의正義도 그 논리적 결론에 이르면 불의不義가 된다고 지적했다. 플레하노프는 셰익스피어의 ≪베니스의 상인≫에 나오는 '1파운드의 살' 테마를 그 예로 들었다.

이런 생각은 고대로 거슬러 올라간다. 테렌티우스(기원전 185~159년)의 ≪환관≫ 제4장에는 이런 대사가 있다. "가혹한 법률은 흔히 가혹한 불의다."

줄리엣의 고백은 이미 들었으므로 같은 희곡의 다음 대사를 음미해 보자.

미덕을 오용하면 악덕이 되고
악덕도 때로는 고결한 행위가 된다네.

(≪로미오와 줄리엣≫ 2막 3장)

그리고 자주 인용되는 윌리엄 콩그리브의 다음과 같은 구절이 있다.

하늘은 증오로 바뀐 사랑의 분노를 결코 알지 못하며
지옥도 조롱당한 여인의 격분을 알지 못한다.[5]

괴테는 "합리는 비합리가 되고 옳은 것은 그른 것이 된다"고 했다.

마르크스는 헤겔의 부정 개념을 받아들여 다음과 같이 말했다. "그 실체가 무엇이든 모든 발전은, 한 단계가 다른 단계의 부정을 이루는 식으로 연관돼 있는 일련의 상이한 발전 단계들로서 나타낼 수 있다. …… 어느 분야에서든 앞서의 존재 양식을 부정하지 않고서는 발전이 일어날 수 없다."[6]

1873년에 마르크스는 다음과 같이 썼다. "합리적 형태의 …… 변증법에는 사물의 기존 상태에 대한 이해, 긍정적 인정과 동시에, 그 상태의 부정, 즉 그것의 불가피한 해체에 대한 인정이 포함된다."[7]

플레하노프는 역설했다. "모든 현상은 그 존재의 조건들을 이루는 똑같은 힘들의 작용으로 조만간, 불가피하게 그 대립물로 변한다."[8]

레닌은 지적했다. "자연이든 사회든 모든 구분선이 관례적이고 동태적이라는 점과 모든 현상이 특정 조건 하에서는 그 대립물로 변할 수도 있다는 점은 물론 마르크스 변증법의 기초 명제다."[9]

≪철학 노트≫에서 레닌은 변증법의 이 측면[대립물의 자기 변형 — 옮긴이]을 다음과 같이 밝혔다. "변증법은 어떻게 대립물들이 동일할 수 있고 또 **동일해질** 수 있는지, 즉 어떤 조건에서 그것들이 서로 변해 동일해지는지, 그리고 왜 인간 정신은 이 대립물들을 죽어 있고 경직된 것이 아니라 살아 있고 조건부이고 이동할 수 있고 서로 변할 수 있는 것으로 이해하는지를 보여 주는 가르침이다."[10]

강조하건대 헤겔의 부정 개념은 인위적이거나 기계적인 것이 아니고 단순히 어떤 성질 앞에 마이너스 부호를 덧붙인 것도 아니며, 어떤 현상이 스스로 그 자신의 대립물로 바뀌는 것을 말한다.

헤겔은 부정이 공허하거나 추상적이어서는 안 된다고 경고하면서, "자기모순은 없어지거나 추상적 무無로 해소되는 것이 아니라, 본질적으로 그 나름의 내용을 가진 부정으로 변함으로써만 해소된다"[11]고 말했다.

엥겔스는 헤겔의 선례를 따라 변증법적 부정은 기계적이지 않다는 주장을 반복했다. "변증법적 부정은 그저 아니라고 말하는 것을 뜻하지 않고, 무엇인가가 존재하지 않는다고 선언하는 것도 아니며, 무엇인가를 제멋대로 파괴하는 것도 아니다. …… 곡식 낟알을 밟아 뭉개는 일이나 곤충을 죽이는 일은 부정이 아니라 파괴다. …… 그러므로 각 부류의 사물은 자신의 발전을 가능하게 하는 적절한 형태의 부정을 가지며, 모든 부류의 개념과 관념도 마찬가지다."[12]

자기 변형

톨스토이는 숨어 있던 성격이 주된 성격으로 바뀌면서 "전혀 딴 사람으로 변하고 마는" 경우에 대해 얘기했다.

한 시대의 과학이 다음 시대에는 난센스로 변한다는 옛말을 입증하기라도 하듯이, 오류는 진리에서 탄생한다.

그 역逆도 성립한다. 엥겔스는 "오래 되고 잘 알려진 변증법적 법칙에 따르면, 그릇된 사고의 논리적 결론은 불가피하게 그 출발점의 반대쪽으로 되돌아온다."[13]

1749년에 벤자민 프랭클린은 "잘못된 해결 방법이라 할지라도 그것을 검토하고 오류를 발견하면 종종 올바른 길을 찾을 수 있다"고 말했다.[14]

파레토의 재미있는 논평을 들어 보자. "언제든 풍부한 오류를 나에게 주시오. 충만한 씨앗과 자신을 치유할 해답으로 넘쳐흐르는 그런 오류 말이오. 앙상한 진리는 그대 혼자서만 간직하시오."

* * *

고통은 쾌락을 낳고 사랑은 증오로 변한다.

프로이트는 경험에 바탕을 두고 이에 동의했다. "임상 관찰 결과, 의외로 흔히 사랑에는 증오의 감정이 따라다니고(반대 감정 병존), 인간관계에서 증오는 사랑의 전주곡이며, 뿐만 아니라 많은 경우에 증오가 사랑으로 바뀌고 사랑이 증오로 바뀐다는 사실을 알게 됐다."[15]

* * *

헤겔은 다음과 같이 말했다. "모든 것(모든 유한자)은 변증법의 심판을 받아야 한다. 바로 이 때문에 변증법은 아무리 영원해 보이는 것이라도 모두 파괴하는, 무적의 일반 원리다."[16]

플레하노프는 이렇게 논평했다. "중요한 것은 사회 현상에 대한 헤겔의 관점이, 원인 없는 작용도 없다는 것 하나만 아는 다른 사람들의 관점보다 훨씬 더 심오하다는 것이다. 그뿐이 아니다. 헤겔은 훨씬 더 심오하고 중요한 진리를 이끌어 냈다. 헤겔은 현상들의 집합은 모두 그 발전 과정에서 그 자체의 부정(예컨대 그것의 소멸)을 초래하는 힘이 바로 그 자신에게서 발생한다고 말했다. 그는 특정 사회 체제는 모두 그 역사적 발전 과정에서 자신을 파괴하고 새로운 체제로 대체하는 사회적 힘을 바로 그 스스로 창출한다고 했다."[17]

이제 우리는 러시아의 급진주의자 헤르첸이 왜 헤겔 철학을 "혁명의 대수학"[18]이라고 찬양했는지 이해할 수 있다.

엥겔스는 생명력과 죽음의 운명이 분리된 현상이 아니라는 헤겔의 주장에 찬성하면서 "생명의 부정은 생명 자체에 내재한다"고 말했다.

생명이 지닌 자기 억제 성향을 인정하면서 엥겔스는 "살아가는 것은 죽어 가는 것이다"[19]고 간명하게 말했다.

　뛰어난 직관으로 우주의 기본 법칙은 "대립물로의 변형 법칙"[20]이라고 주장한 에페수스의 헤라클레이토스에게 다시 한 번 찬사를 보내자.

09

부정의 부정

부정에는 끝이 없다. 각각의 부정은 일련의 새로운 대립물을 낳고, 그 것들을 드러나게 하며, 그것들의 상호 침투와 충돌을 일으키는데, 이러한 상호작용은 또다시 새로운 부정으로 이어진다. 이처럼 각각의 부정이 다시 부정되면서 끊임없는 발전과 변화가 일어난다.

헤겔은 다음과 같이 설명했다. "꽃이 개화하면서 싹은 없어진다. 여기서는 전자가 후자를 부정한다고 말할 수 있다. 같은 원리로, 열매가 열리면 꽃은 식물의 거짓된 존재 형태가 된다고 설명할 수 있다. 꽃을 대신해서 열매가 식물의 참된 본질로 나타나기 때문이다. 앞의 두 단계들은 서로 구별될 뿐 아니라, 공존할 수 없으므로 서로 자리를 찬탈한다. 그러나 동시에, 둘의 고유한 본질은 끊임없이 활동하기 때문에 둘은 하나의 유기적 통일체가 거치는 서로 모순되지만 똑같이 필요한 계기들이기도 하다. 그리고 이처럼 동등하게 필요한 모든 계기들이 생명 전체를 이루고 있다."[1]

엥겔스는 식물의 생명에 관한 또 하나의 예를 들었다. "보리 씨를 예로 들어 보자. 보리 씨 한 알이 적절한 환경을 만나고 알맞은 토양에 떨어진다면 열과 수분의 영향을 받아 뚜렷한 변화를 겪게 된다. 그것은 싹이 튼다. 이제 보리 씨는 부정돼서 더는 존재하지 않고, 대신 그 자리에는 씨에서 자라났고 씨의 부정인 식물이 들어선다. 그렇지만 이 식물의 정상적 생장 과정은 무엇인가? 그것은 자라고, 꽃피고, 수정하고, 마침내 이 모든 것이 줄기 위에서 성숙하자마자 죽음을 맞이한다. 그리하여 이번에는 자신을 부정한다. 이처럼 부정이 부정된 결과 다시 원래의 보리 씨를 얻었는데, 이제는 하나가 아니라 열 개, 스무 개, 또는 서른 개다."[2]

엥겔스는 식물의 경우에 식물 배양 과정에서 조작을 통해 부정의 부정을 되풀이할수록 식물의 품질이 좋아진다고 덧붙여 말했다(최근의 과학적 연구는 모든 식물이 그런 방법으로 조작된다는 것을 보여 준다).[3]

또한 엥겔스는 나비의 생명 사이클을 예로 들었다. 나비는 짝짓기를 하고, 알을 낳은 뒤에 죽는다. 그런 다음 각각의 알은 여러 가지 변태를 거쳐 다시 나비가 된다.[4]

"귀리는 헤겔의 말에 따라 성장하지 않는다"며 부정의 부정 법칙을 조롱했던 사람들과 논쟁하면서 플레하노프는 식물학자 반 티겜의 말을 인용했다. "식물의 형태가 어떻든 간에 …… 식물은 항상 자신이 태어나는 것과 같은 방법으로, 즉 분열을 통해 번식한다."[5]

* * *

토마스 페인은 변증법적 식견으로 이렇게 말했다(1794년경). "숭고함과 우스꽝스러움은 종종 대단히 밀접하게 연관돼 있기 때문에 둘을 분리하는 것은 어렵다. 숭고한 것에서 한 걸음 더 올라가면 우스꽝스러워지고, 우스꽝스러운 것이 한 걸음 더 올라가면 다시 숭고해진다."[6]

인간관계를 깊이 이해했던 톨스토이는 부정의 부정을 매우 생생하게 묘사한 경쾌한 단편 소설 ≪행복한 결혼 생활≫을 남겼다. 한 신혼부부가 처음에 느끼던 열정은 오해로 바뀌고 나중에는 증오로 발전한다. 그렇지만 증오는 결국 서로에 대한 고마움과 애정과 이해에 바탕을 둔 새로운 사랑으로 바뀐다.

인간의 사랑이 두 단계를 거친다는 것을 지적한 최초의 심리학자들 중 하나가 프로이트다. 유년기의 5년 중 마지막 해가 끝날 무렵에 인간의 성은 프로이트가 빌헬름 플리스의 말을 본떠 '잠복기'라고 부른 과정을 겪는다. 사춘기에 돌입하면 심리적 성이 다시 등장해 정상적인 성인의 신체로 변하면서 강화된다.[7]

형태 반복

부정의 부정은 우리를 다시 출발점으로 되돌려 놓는 것처럼 보인다. 따라서 형태 반복이 존재한다.

플레하노프는 다음과 같이 논평했다. "모든 현상은 발전하면서 그 대립물로 변한다. 그러나 처음의 것과 대립하는 새로운 현상이 또다시 자신의 대립물로 변하면 이 세 번째 발전 단계는 첫 번째 단계와 형태상 유사해진다."[8]

레닌에 따르면, 부정의 부정은 "말하자면 전에 통과했던 단계들을 반복하는 발전 과정이다. 그러나 번번이 다른 방식으로 더 높은 수준에서 반복되는, 말하자면 직선이 아니라 나선형으로 진행하는 발전이다."[9]

"이 때문에 더 낮은 단계의 특징, 특성 등이 더 높은 단계에서 되풀이되며 …… 겉으로는 과거로 돌아간 것처럼 보인다."[10]

* * *

두 가지 역사적 예를 살펴보자.

영국 내전(1642~1649년)으로 봉건 세력이 분쇄되고 찰스 1세가 처형당했다. 1660년에 부르주아지의 권력이 확고해졌고, 그 후에 '왕정복고'가 있었다. 의회의 요청에 따라 또 다른 찰스가 왕좌에 복귀했다. 그러나 이것은 명색만 복고였을 뿐이지, 실은 부르주아 국가 권력 단계라는 더 높은 차원에서 봉건 군주제의 특징이 반복된 것이었다. 찰스 2세는 '군림'했지만 통치는 의회가 했다. 당시에 프랑스 대사가 루이 14세에게 보고한 것처럼, "이 정부는 국왕이 있기 때문에 군주제의 외양을 갖췄습니다. 그러나 그 실상은 군주제와 크게 다릅니다."[11]

프랑스도 비슷하게 발전했다. 1789년에 봉건제와 루이 16세가 결딴났다. 나폴레옹 보나파르트는 1804년에 스스로 황제 자리에 올랐는데, 그는 봉건 군주의 장식과 왕관과 왕좌王座를 갖고 있었다는 점에서 '군주'였다. 그러나 그 본질은 영국의 크롬웰과 마찬가지로 프랑스 최초의 부르주아 독재자였다.

형태 반복에 눈이 멀어 내용의 변화를 놓쳐서는 안 된다.

10

양에서 질로, 그리고 질에서 양으로의 전이

양에서 질로의 전이 법칙은 변증법의 법칙 가운데 가장 생생하고 어쩌면 가장 이해하기 쉽다. 뿐만 아니라 이 법칙이 아마도 가장 먼저 알려졌을 것이다.

헤겔은 "고대인들은 단순히 양적인 것처럼 보이는 변화가 질적 변화로 바뀌는 관계를 알고 있었다"[1]고 말했다.

잠깐 고대의 우화 하나를 떠올려 보자. 나뭇가지 하나는 부러뜨리기 쉽지만 한 묶음은 그렇지 않다. 이솝이 말했듯이, 여럿에는 힘이 있다.

기원전 6세기에 밀레토스의 아낙시메네스는 응축과 옅게 하기 이론을 통해 질적 변화가 양적 변화를 낳는다는 견해를 제시했다.[2]

에우리피데스(기원전 480~406년)는 ≪메데이아≫에서 "적당한 사랑은 다른 무엇보다도 황홀하다. 그러나 다른 종류의 사랑은 나를 미치게 한다!"고 선언했다.

테렌티우스(기원전 185~159년)는 ≪환관≫에서 "가혹한 법률은 흔히 가혹한 불의"라고 지적했다.

오비디우스(기원전 43~서기 17년)는 ≪변신 이야기≫에서 "풍요는 나를 빈곤하게 하는구나!"라고 진술했다.

≪베니스의 상인≫에는 이런 얘기가 나온다. "못 먹고 굶주려도 아프지만 너무 많이 먹어도 아프기는 매한가지다."(1막 2장) 그리고 ≪로미오와 줄리엣≫에는, "너무 빨리 도착하면 너무 늦게 도착하는 것과 마찬가지다."(2막 6장)

세르반테스는 산초 판사[돈키호테의 하인 — 옮긴이]로 하여금 "티끌 모아 태산!"*이라고 말하게 했다.

엥겔스는 나폴레옹 보나파르트를 인용했다. "마멜루크[중세 이집트의 노예 기병 — 옮긴이] 둘은 프랑스인 셋에게는 벅찬 상대다. 마멜루크 100명은 프랑스인 100명과 맞먹는다. 300명의 프랑스인은 보통 300명의 마멜루크를 무찌르며, 1000명의 프랑스인이 1500명의 마멜루크와 싸우면 언제나 프랑스인이 승리한다."[3]

톨스토이의 단편 소설 ≪롤케이크 셋과 쿠키 하나≫는 이 법칙을 보여 주는 예로서 자주 인용된다. 그 책에 나오는 배고픈 남자는 롤케이크를 세 개 먹었지만 배가 차지 않았다. 쿠키 하나를 더 먹고 허기가 가셨을 때, 그는 진작 쿠키를 먹지 않고 롤케이크에 돈을 낭비한 것을 후회했다.

----

* 약간 과도하면 숙취가 된다. 엥겔스가 지적했듯이 "술이 덜 깨어 일어난 뒤의" 기분은 양이 질로 변한 것이다.[4]

양과 질의 통일성

양과 질은 통일돼 있고 서로 불가분의 관계를 맺고 있다. 구체적인 것에 관해 말할 때는 언제나 그 양적 측면과 질적 측면을 함께 지적해야 한다. 설탕을 구입하려면 구입할 양을 알아야 하고, 몇 미터를 구입하려면 그것이 천인지 철사인지를 밝혀야 한다.

≪엔치클로페디≫에서 헤겔은 다음과 같이 말했다. "양이 질을 규정하고 질이 양을 규정한다. 이 둘은 서로 가변적이고, 역동적인 동요이자 불안이다."[5]

헤겔은 "측정할 때 질과 양은 결합된다"[6]고 말했다.

1870년에 맥스웰은 영국학술협회에서 이렇게 연설했다. "인간이 사물의 본질을 이해하기 위해 그 좋고 나쁨을 따지거나 유해한가 유익한가 질문하는 데서 시작하기보다는 그것의 성질이 어떠하며 얼마나 많이 있는지를 조사하는 데서 출발해야 함을 깨닫게 된 것은 과학의 거대한 진일보였습니다. 그때에서야 과학적 조사에서 제일 중요한 관찰 대상은 질과 양이라는 것이 알려졌습니다."[7]

한계

실천에서는 물론이고 이론(수학)에서조차 작용은 무한정 지속될 수 없다. 헤겔이 "마디"라고 부른 뚜렷한 한계가 존재하는데, 그 한계를 넘어서면 예전의 작용이 더는 진행될 수 없거나 새로운 현상에 길을 내준다.

풍선이 일정한 크기 이상으로 부풀어 오를 수 없다는 것을 아이들은 다 안다. 양이 질로 바뀌는 고비점을 지나면 풍선은 팽창을 멈추고 터진다. 이제 남은 것은 더는 풍선이 아니고 고무 조각이다.

트로츠키의 지적대로 모든 요리사는 음식에 넣는 소금의 양이 음식의 질을 좌우한다는 사실을 알고 있다. 적게 넣으면 싱겁고 많이 넣으면 짜서 먹을 수가 없다.[8]

지푸라기 하나 때문에 등이 부러진 낙타에 관한 옛 이야기나, '한계점'의 다른 말로서 앞의 격언을 간추린 영어 관용구 '마지막 짚'[그것 때문에 갑자기 견디지 못하게 되는 최후의 매우 적은 부담을 뜻함 — 옮긴이]을 보더라도 양질 전환의 법칙을 알 수 있다. 분노가 폭발하는 지점이 곧 '한계'다.[*]

언젠가 프로이트는 시골의 짐말 한 마리가 날마다 식량 배급이 줄어서 마침내 아무것도 먹지 못하게 되자 귀리 먹는 버릇을 고쳤다는 슬픈 민간 설화를 예로 들었다.[9]

법칙의 정식화

≪자본론≫에서 마르크스는 이 법칙을 정식화한 공로를 헤겔에게 돌렸다.[10] 엥겔스는 이 정식화가 "역사적으로 중요한 업적"[11]이라 평가했다.

헤겔은 ≪논리학≫에서 다음과 같이 썼다. "일반인들은 모든 사물

---

[*] 탁월한 수학 교과서를 여러 권 저술한 W L 페라는 수학 연구를 할 때는 '지루한 시점'에 이르러서는 안 된다고 경고했다.[12]

이 점진적으로 출현하고 소멸한다고 생각한다. 그럼에도 존재의 변모에는 일정한 양에서 다른 양으로 바뀌는 변화 말고도 양적인 것에서 질적인 것으로 바뀌는 변화도 있다."[13]

≪엔치클로페디≫에는 다음과 같은 구절이 있다. "질과 양이 여전히 구별되고 완전히 동일하지 않은 정도까지는 둘은 어느 정도 상호 독립적이다. 그래서 한편으로는, 사물의 질이 변하지 않고도 양이 변할 수 있다. 그러나 처음에는 사물에 별다른 영향을 끼치지 않는 양의 증가와 감소에는 한계가 있으며, 그 한계를 지나면 사물의 질이 변한다. 그리하여 예컨대 물의 온도가 변해도 처음에는 물의 액체 상태가 변하지 않지만 온도를 더욱 올리거나 낮추면 분자의 응집력이 질적으로 변하는 시점에 이르게 돼, 물은 증기나 얼음이 된다. 얼핏 보면 양적 변화가 사물의 본질에 아무런 영향을 미치지 못하는 것 같지만 그 이면에는 뭔가 다른 것이 있어서, 외견상 별것 아닌 듯한 양적 변화가 사물의 질을 바꾼다."[14]

헤겔은 또 "약간 더하거나 약간 덜한 것으로 이뤄지는 한계점을 넘으면 장난이 범죄가 되고, 정의는 불의가 되고, 미덕은 악덕이 된다."[15]

프로이트는 양질 전이의 법칙을 명시적으로 심리학에 받아들였다.[16]* 예를 들면, 그는 이렇게 지적했다. "성적 공격성이 지나치면 연인은 성적 살인자가 된다. 반면, 공격적 요인이 급격히 감소하면 수줍어하거나 성교 불능에 빠진다."[17]

----

* 엄밀히 말해서 프로이트가 변증법을 받아들인 것은 아니었다. 헤겔과 마르크스에 관한 프로이트의 견해를 알고 싶다면 ≪새로운 정신분석 강의≫(1930년) 중 35번 강의를 참조하시오.

온도와 기압

우리가 알다시피, 생명은 일정 한계 내의 온도와 기압에서만 유지될 수 있다.

이러한 한계 내에서조차 극단적 조건에서는 현상이 왜곡된다.

잭 런던이 남긴 강렬한 단편 소설 ≪불을 지피려면≫은 영하 50도의 섬뜩한 세계를 묘사하고 있다.

홀데인 2세는 저기압과 고기압 환경에서 생리적 반응이 달라지는 매우 믿을 만한 실험 증거를 제공했다(참고로 말하면 홀데인은 자신을 실험 대상으로 삼았다). 극한 상황에서는 정상적 생리 현상이 지나치게 증폭될 뿐 아니라 완전히 다른 현상들이 나타나기도 한다.[18]

홀데인의 연구 전에도 잠수복 없이 잠수할 수 있는 한계는 수심 약 40미터, 잠수복을 입으면 약 100미터라는 사실은 이미 알려져 있었다. 그보다 더 깊이 잠수하려면 종 모양의 잠수기가 있어야 한다.

절대 온도

지금까지 살펴본 한계들은 일상생활에서 접할 수 있는 것들이다.

자연의 한계들도 존재한다. 맥스웰의 충고를 따라 "자연을 신문"[19]해 보자.

1854년에 외삽법에서 영감을 얻은 켈빈 경은 자연의 온도에는 더는 내려갈 수 없는 한계가 있다고 결론지었다. 그 한계는 '절대 영도

(영하 273도)'라고 한다. 새로운 온도 눈금은 적절하게도 켈빈 눈금이라는 명칭을 얻었다. 오늘날 우리는 이 한계에 접근할 수는 있으나 결코 도달할 수는 없다는 사실을 안다.

'고비점', '문턱', 그 밖의 '한계'들

역사의 초창기에 인류는 고비점(헤겔의 '마디', 맥스웰의 '특이점')들을 알게 됐다. 물의 끓는점과 어는점, 금속의 녹는점, 다양한 물질의 발화점 등이 그것이다. 그렇지만 그러한 현상들의 철학적 의미는 오랜 시간이 지난 뒤에야 깨달을 수 있었다.

* * *

인간의 귀는 넓은 범위의 음파를 들을 수 있지만 '초超저주파'(초당 17~20회 이하)음은 들을 수 없다. 어떤 물고기는 그런 초저주파도 들을 수 있는데, 덕분에 그 물고기들은 다가오는 폭풍을 감지할 수 있다고 한다. 또한 어떤 곤충, 개, 박쥐, 고래, 돌고래는 '들을 수 있는' '초음파'(초당 2만 회 이상)가 인간의 귀에는 들리지 않는다. '초음파'는 청소, 절단, 해충 박멸 등 다양한 일에 쓰인다.

한때 대기속도에서 넘을 수 없는 한계로 여겨졌던 '소리의 장벽'(마하 1, 즉 시속 약 1200킬로미터)이 음속을 넘을 때의 충격파 같은 현상을 일으키는 고비점이라는 사실은 오늘날 상식에 속한다.

과학은 가끔 고비점을 '문턱'으로 묘사한다.

'들을 수 있는 문턱'이라는 것이 있어서 인간은 적당한 진동수의 소리만 들을 수 있다. '감각의 문턱'도 있어서, 그것을 넘으면 감각이 고통으로 변한다.

광학에는 잘 알려진 '고비각(임계각)' 현상이 있다.[*] 광선이 고밀도 매질에서 저밀도 매질로 들어올 때 광선의 각도가 고비각보다 높으면 광선은 전반사를 일으킨다. 그래서 불쌍한 물고기의 눈에는 미끼는 보여도 낚시꾼은 보이지 않는다.[**]

다이아몬드는 자연 상태에서 가장 단단한 물질일 뿐 아니라 고비각이 가장 낮은 물질이기도 하다(다양한 유리의 고비각이 34도에서 30도인데 다이아몬드는 24도다). 따라서 빛은 다이아몬드 안에서 여러 번 전반사를 일으키는데, 바로 이 때문에 다이아몬드의 광택이 생긴다.

원시시대부터 인류는 무지개를 신기하게 여겼을 것이다. 17세기에 이르러서야 데카르트가 무지개를 설명할 수 있었다. 참고로 말하면, 무지개에도 '고비각'이 있어서, 해가 지평선 위로 41도 이상 뜨면 무지개가 생길 수 없다.

뉴턴의 천재성 덕분에, 빛의 스펙트럼은 백색 광선을 구성하는 색들이 쪼개져서 생긴다는 사실이 규명됐다. 뉴턴이 그것을 발견하기 전까지 사람들은 하얀빛을 '순수'하며 나머지 색은 '불순'하다고 생각했고 그렇게 배웠다.[***]

---

[*] 요하네스 케플러의 《굴절 광학》(비엔나, 1611년). A S 램지의 《초등 기하 광학》(1914년) 참조.
[**] 이 현상을 보여 주는 아름다운 사진이 A E E 맥킨지의 《빛》(1939년), 43쪽에 나온다.
[***] 이러한 생각은 여전히 우리의 미신 속에 남아 있다.

1800년에 허셜은 온도계를 이용해 눈에 보이지 않는 넘빨강살(적외선)을 발견해서 스펙트럼의 범위를 넓혔고, 빛과 열이 서로 비슷한 현상이라는 것을 보여 줬다. 그 다음 해에 예나 대학교 교수 리터는 넘보라살(자외선)을 발견해 가시광 스펙트럼의 반대쪽 범위를 확장했다.

1864년, 맥스웰은 가시광 스펙트럼과 그 확장된 영역은 전자기파 스펙트럼의 작은 일부분에 불과하다는 것을 이론적으로 증명했다. 헤르츠가 1888년에 '무선' 전파를 발견하고 뢴트겐이 1895년에 'X선'을 발견하면서 맥스웰의 이론은 실험으로 검증됐다. 방사능 연구 이후, 1896년에는 높은 진동수의 '감마선'이 추가로 발견됐다.

전자기파 스펙트럼은 양질 전이의 법칙을 역동적으로 보여 준다. 양이 변함에 따라, 즉 진동수가 증가할수록(다른 말로 파장이 짧아질수록) 광선의 질도 변하는데, 순서대로 무선 전파, 열(넘빨강살), 붉은색에서 보라색까지 포괄하는 가시광선, 넘보라살, 그리고 'X선'과 '감마선'으로 바뀐다.

* * *

멘델레예프는 두 가지 고비점을 발견했다(1860년). 그 이하에서는 냉각만으로 기체를 액화시킬 수 없는 고비 압력과 그 이상에서는 압력만으로 기체를 액화시킬 수 없는 고비 온도가 그것이다.

스코틀랜드의 앤드루스는 같은 현상을 독자적으로 발견했다(1863년).

피에르 퀴리의 이름을 딴 '퀴리점'이 있다. 강자성強磁性 물질이 이 고비 온도를 넘으면 자성을 영원히 잃게 된다(철의 퀴리점은 섭씨 약 770도).

광전 법칙 가운데 하나는 모든 물질이 저마다 '문턱 진동수'가 있고 그 진동수보다 내려가면 광전 현상이 일어날 수 없다는 것이다.

* * *

요즘 같은 로켓 시대에는 '궤도 속도', 즉 로켓을 궤도에 진입시키는 데 필요한 최저 속도(초속 7.93킬로미터)를 모르는 학생이 없을 것이다. 속도가 '탈출속도'를 초과하면 로켓은 우주로 튀어 나간다.

깊이 있는 설명은 되도록 생략하고 다른 한계들을 살펴보자.

핵물리학에는 '고비 질량', '고비 부피' 등이 있다.

아인슈타인은 물질 입자나 신호의 최대 속도는 결코 빛의 속도 c를 초과할 수 없음을 증명했다(빛의 속도는 초속 30만 킬로미터).

'로쉬 한계'라는 것도 있다. 위성이 응축하기 전에 위성과 어미행성 사이의 거리가 어미행성 반지름의 2.5배 이하가 되면 위성은 붕괴한다.[20]

인도의 천체물리학자 찬드라세카르는 별들의 질량이 태양 질량의 8분의 1 이상 20배 이하라는 것을 증명했다. 질량이 태양의 50분의 1에 불과한 물체는 빛을 발하지 않을 것이다. 목성의 질량은 고비 질량보다 작기 때문에, 가모프의 말대로 태양계에서 "가장 큰 돌덩어리"이며 다른 행성들처럼 빛을 반사해서만 반짝인다.[21]

별들의 질량에는 상한선도 있어서 태양 질량의 100배가 되면 불안정해진다.[22] 이런 상한선은 은하들에도 적용된다.

원자 세계의 양과 질

헤겔과 마르크스주의자들은 양질 전이 법칙의 풍부한 실례들을 화학에서 찾을 수 있었다.[23]

마르크스는 다음과 같이 썼다. "근대 화학의 분자 이론이 …… 근거하는 기초는 그것[양질 전이 법칙 − 옮긴이]밖에 없다."[24]

엥겔스는 다음과 같이 말했다. "화학은 양적 구성이 변함에 따라 물질이 겪는 질적 변화를 연구하는 과학이라고 정의할 수 있다."[25]

탄소 원자와 결합하는 산소 원자의 개수에 따라 화합물의 성질('질')이 달라진다. 이산화탄소(CO_2)는 매우 중요하며, 동식물의 생명 사이클에 필수적 구실을 한다. 반면, 일산화탄소(CO)는 치명적이다. 과산화수소(H_2O_2)는 그 성질이 물(H_2O)과 다르다.

정전기를 일으키는 기계가 작동할 때 생기는 특이한 냄새에 주목한 마룸은 새로운 물질의 존재를 짐작했고(1785년), 숀바인은 이를 '오존'('냄새'를 뜻하는 그리스어)이라고 불렀다(1839년). 1886년에 프랑스의 과학자 소레는 그것이 산소 분자의 동소체同素體이며, 흔히 원자 두 개의 결합으로서 존재하는 산소(O_2)와 달리 원자 세 개(O_3)로 이뤄진다는 사실을 발견했다. 1910년에 화학자들은 산화 오존(O_4)을 발견했다.

산소는 모든 생물에게 필수적이지만(1797년 데이비), 오존은 일정한 한계를 넘어서면 생물에게 치명적인 넘보라살을 흡수하는 특성이 있다.

그 밖의 여러 원소들도 동소체의 형태로 존재한다. 잘 알려진 한 예로서 탄소를 들 수 있는데, 서로 물리적으로 다르지만 화학적으로 동일한 두 가지 동소체로 존재한다. 탄소 동소체에는 흑연과 다이아몬드가 있다. 다른 예로는 유황, 인, 주석이 있다.

1912년에 남극 탐험가 스콧을 죽음으로 이끈 주된 요인은 주석의 열 가지 동소체 가운데 스콧의 연료 탱크를 납땜하는 데 쓰인 동소체가 영하 43도에서는 가루로 변한다는 사실이었다. 남극의 조건에서 납땜은 효과가 없었고, 스콧과 그의 일행은 눈 속에서 얼어 죽었다.

* * *

유기 화학에는 '동족 계열'의 일반 공식이 있다.

예를 들면, 파라핀의 화학 공식은 C_nH_{2n+2}다. $n=1$이면 메탄, $n=2$이면 에탄 등등. 또한 n이 작으면 기체, n이 중간이면 액체, n이 크면 고체다(파라핀의 경우에는 왁스가 된다).

또 다른 예로서, 알코올의 일반 공식은 $C_nH_{2n+1}OH$다. $n=1$이면 산업용으로 중요하지만 건강에 해로운 메틸알코올, CH_3OH이 나온다. $n=2$이면 사람을 취하게 하는 에틸알코올, C_2H_5OH이 나온다.

잘 알려지지 않은 러시아 과학자이며 유기 화학의 창시자 가운데 한 사람인 부틀레로프는 일반 화학 공식(1814년 베르셀리우스)의 개념을 구조식에 적용했다(1861년). 엥겔스도 그 중요성을 지적했던(조금 뒤에 알 수 있겠지만) 분자 내의 상이한 원자 배열과 '공간 배치'의 차이 때문에, 일반 공식은 같지만 구조식이 다르고 화학적 성질도 크게 다른 '이성체異性體'가 생긴다. 예컨대 일반 공식 C_2H_6O는 기체인 디메틸에테르를 나타내기도 하고 액체인 에탄올을 나타내기도 한다.

'플라톤의 입체'는 최고 5가지 형태[정사면체, 정육면체, 정팔면체, 정십이면체, 정이십면체 ─ 옮긴이]를 취한다는 사실은 잘 알려져 있다.

파스퇴르의 뛰어난 발견들 가운데 가장 초기의 것은 1848년에 발견한 '오른손잡이'와 '왼손잡이' 결정結晶이다. 이들은 비대칭은 아니지만, 거울 대칭이며 (광학적) 성질이 서로 다르다.

결정체로 된 화합물의 경우에는 분자 배열에 한계가 있다. 1881년에 러시아의 페도로프는 자연에는 230가지의 결정 형태만 존재할 수 있다는 것을 보여 줬다. 훗날 라우에(1912년)와 브래그 부자(윌리엄과 아들 로렌스)가 X선으로 결정을 분석해서 페도로프의 주장을 입증했다.[26]

멘델레예프의 원소 분류법

1869년 11월 17일, 러시아 상트페테르부르크 대학교의 멘델레예프는 그 때까지 알려진 화학 원소 64개를 '원자량'에 따라 정리한 표를 공개했다. 그는 각각의 원소에 차례대로 숫자를 붙여 줬는데, 오늘날 그 숫자의 기호는 Z다.

그는 원소를 이렇게 배열하면 '원자량'이 증가함에 따라 원소의 화학적 성질도 변하며, 같은 성질이 주기적으로 반복된다는 것을 보여 줬다.

더 놀라운 것은 '빠져 있는 원소'들의 존재와 그 성질을 그가 1871년에 예견했다는 것이다.

그의 예측은 곧 확인됐다. 1875년에 부아보드랑은 갈륨($Z = 31$)을 분리시키는 데 성공했고, 1879년에 닐손은 스칸듐(Z = 21)을 검출했으며, 1886년에 빙클러는 게르마늄(Z = 32)을 발견했다.

실험 연구 결과, 그 원소들의 화학적 성질에 관한 멘델레예프의 이론적 예측은 놀라우리만큼 정확했다. 지금까지 새로 발견된 37가지 원소 가운데 멘델레예프는 21개의 존재를 예측한 것이다![27]

운 좋게도 멘델레예프는 윌리엄 램지가 비활성 기체들을 '그룹 0'으로 해서 원소 주기표에 추가시키고, 피에르 퀴리와 마리 퀴리 부부가 폴로늄(Z = 84)*과 라듐(Z = 88)을 발견하고(1898년), 앙드레 드비에른이 악티늄(Z = 89)을 발견하는 것(1899년)을 모두 목격했을 만큼 오래 살았다(1907년 1월까지).

멘델레예프는 "기존의 화학 지식을 완벽하게 종합한 저서"라는 평을 얻은 그의 책 《화학의 기초》(1869~1871년)에서 과감하게도 "단순한 물체의 원자들은 더욱 미세한 입자들의 조합으로 이뤄진 복잡한 물질이다"[28]고 말했다(강조는 나의 것).

* * *

엥겔스는 멘델레예프의 저작을 몸소 읽어 보지 못했음이 분명하다(《자연 변증법》의 참고 도서 목록에 그에 대한 언급이 없는 것으로 봐서는 십중팔구 엥겔스는 맨체스터의 친구인 화학자 K 쇼를레머에게서 그 내용을 전해 들은 것 같다).

1879년에 엥겔스는 신이 나서 다음과 같이 썼다. "멘델레예프가

---

* 과학자들은 새로 발견한 원소에 자기 고향 이름을 붙였다. 마리 퀴리는 폴란드 출신이다.

헤겔의 양질 전이 법칙을 무의식적으로 응용해 이룬 위업은 르베리에가 미지의 행성이었던 해왕성의 궤도를 계산한 것과 비교해도 손색이 없다."[29]

엥겔스는 또 이렇게 추측했다. "만약 모든 차이와 변화가 질적 차이와 변화로 환원되고 역학적 위치 이동으로 환원된다면, 우리는 불가피하게 모든 물질은 **동일한** 최소 입자들로 이뤄져 있고, 화학 원소의 질적 차이는 모두 그 원소를 이루는 입자 수가 양적으로 다르고 원자를 구성하는 최소 입자들의 **공간적 배치**가 다르기 때문이라는 결론에 이르게 된다. 그러나 우리는 아직 거기까지 이르지는 않았다."[30]

1885년에 쓴 이 놀라운 구절에서 엥겔스는 벌써 '최소 입자'와 그 공간적 배치를 머릿속에 그리고 있었다. 공간적 배치를 상상하면서 철학자 엥겔스는 화학자 멘델레예프를 앞질러 버린 것이다.

* * *

엥겔스는 1886년에 과학에 관해 논평하는 것을 중단했다. 그는 마르크스의 미완성 초고를 편집해야 했던 것이다.

* * *

엥겔스가 사망하고 3개월 뒤인 1895년 11월 8일에 뷔르츠부르크 대학교의 뢴트겐은 그 때까지 알려지지 않은 방사선을 우연히 발견하고 'X선'이라는 이름을 붙였다. 이 꿰뚫는 광선은 의료 진단에 도움이 됐을 뿐 아니라 원자 세계의 수수께끼를 푸는 데 결정적 구실을 했다.

이미 살펴봤듯이, 빠른 속도로 발견에 발견이 뒤를 이었다.

역시 우연히, 1896년에 베크렐은 또 다른 방사선을 발견했는데, 마리 퀴리는 이를 '방사능'이라 불렀고 처음부터 천재적 직감으로 이것은 근본적으로 원자 세계의 현상이라고 주장했다.

1902년에 러더퍼드와 소디는 방사능이 방사성 원소의 자발적 자기변형이라는 혁명적 발상을 주창했다.

러더퍼드와 보어의 새로운 원자 모형(1913년)에서 공간적 배치는 중요한 구실을 했다. 전자는 몇 개의 정해진 궤도, 즉 '전자각電子殼'(보어의 '고리')에서만 움직일 수 있으며, 궤도마다 전자의 개수가 정해져 있다.

1913년에도 영국의 물리학자 모즐리는 일련의 탁월한 실험에서 원자에 X선을 쪼고 나서 원자량을 나타내는 숫자 Z가 물리적으로 의미심장하다는 것을 알게 됐다. Z는 원자핵의 양전하陽電荷와 같으며, 원자 전체는 중성이므로 궤도에 있는 전자의 개수와 같다.

수소($Z = 1$)에서부터 자연 상태의 가장 무거운 원소 우라늄($Z = 92$)에 이르기까지, 정수 Z가 바뀌면서 원자의 성질도 바뀐다.＊

* * *

1912년에 소디는 (1년 전에 보어가 짐작했던 대로) '동위원소'가 존재한다고 발표했다. 동위원소들은 질량은 다르지만 화학적 성질이

＊ 공식적으로, 몇몇 원소들은 아직 자연 상태에서 발견하지 못했지만 인위적으로 만들 수는 있었다. 1937년에 테크네튬($Z = 43$)을, 1947년에 프로메튬($Z = 61$)을, 1940년에 아스타틴($Z = 85$)을, 그리고 1939년에 프란슘($Z = 87$)을 만들었다.[31]

동일하기 때문에 원소 주기율표에서 같은 위치를 차지하는 원자들이다.

애스턴은 1918년에 '질량 분석기'를 사용한 근본적 실험을 통해 소디의 이론을 확인했다.

이 현상은 또 다른 기본 입자를 발견하고 나서야 설명할 수 있게 됐는데, 새 입자는 양성자와 질량이 같지만 전하가 없는 것으로, 러더퍼드는 1920년에 그 존재를 예견한 바 있다. 이 입자는 졸리오퀴리 부부의 실험과 보테와 베커의 실험에서 모습을 나타냈다. 영국의 채드윅이 1932년에 그 정체를 밝히고 '중성자'라고 명명했다.

오늘날 물리학자들은 놀랄 만큼 ─ 그리고 다소 어지러울 만큼 ─ 다양한 '소립자'들을 발견했고, 원자 구조에 대한 더 복잡한 개념들을 만들었다.

그렇지만 이 책의 목적에 어긋나지 않게 전자, 양성자, 중성자로 만족하자. 그 셋만 가지고도 "1932년식 원자 모형"[32]이라는 것을 만들 수 있고, 우리의 탐구는 그걸로 충분하다.

원자의 궤도에 있는 전자의 수와 공간적 배치가 원자의 결합력, 즉 '원자가原子價'(1833년 프랭클랜드)를 결정하고, 따라서 원자의 화학적 성질도 결정한다.

전자의 질량은 무시해도 좋다. 원자의 질량은 중성자와 양성자, 그 두 핵입자에 달려 있다.

하나의 원자핵에 있는 양성자 수는 언제나 Z와 같지만 중성자 수는 작은 정수 한계 내에서 약간의 편차가 있을 수 있고, 이러한 편차 때문에 동위원소가 생긴다.

1931년에 미국의 물리학자 유리는 '무거운' 수소를 분리했다. 오늘날 '중수소'라고 부르는 이 원소는 보통 수소에는 없는 중성자를 그 핵에 포함한다. 그 뒤에 과학자들은 핵에 중성자가 두 개 있는, 수소의 동위원소를 또 하나 발견했다. 그것이 바로 트리튬, 즉 삼중수소다.＊

중수소와 산소가 결합해 생기는 '중수重水'(D_2O)는 성장을 방해하고 몇몇 작은 생물을 죽인다.

중성자의 수에 따라 핵의 안정성이 달라진다. 안정된 핵 중에 맨 마지막 것은 창연(Z=83) 핵이다. 폴로늄(Z=84) 이상의 원소들은 방사능 핵, 다시 말해 원래부터 불안정한 핵을 갖고 있고, 스스로 변형하는데, 종종 일련의 자기 변형을 거쳐 안정된 형태로 바뀐다.

≪원자를 설명하기≫(1932년)에서 소디는 방사능을 연구하는 과학자를 천문학자에 비유했다. 그들은 관찰할 수 있을 뿐, 실험을 할 수는 없다는 것이다.

방사능 현상을 가속하거나 지연하거나 정지시킬 수는 없지만 소디의 관찰 후 2년이 채 안 돼서 졸리오퀴리 부부는 인공 방사능을 개발했다. 오늘날 우리는 방사성 동위원소들을 알고 있다. 방사성 질소, 방사성 알루미늄, 방사성 요오드 등등. 각 경우에 불안정성은 핵에 들어 있는 중성자의 개수와 관계있다는 것이 밝혀졌다.

＊ 1913년에 닐스 보어는 퀴리 부인과 러더퍼드를 포함한 많은 유명한 과학자들이 참석한 가운데 그가 발견한 'X-3'이 3배로 무거운 핵을 가진 수소라고 주장했다. 조셉 J 톰슨은 그것이 원자 세 개로 이뤄진 분자일 뿐이라고 반박했다. 몇 년 뒤에 'X-3'가 트리튬임이 밝혀졌다.[33]

또한 중성자는 더욱 효과적으로 핵을 두들길 수 있는 새로운 매개 수단을 제공했다.

1934년에 시작된 페르미의 노련한 중성자 두들김 실험은 원자 세계의 새로운 기적을 낳았다.

1940년에 페르미는 우라늄보다 원자량이 더 큰 최초의 인공 원소인 넵투늄($Z=93$)을 만들었다. 곧이어 그 밖의 불안정한 원소들도 만들어졌는데, 페르뮴($Z=100$)과 멘델레븀($Z=101$)이 그것이다. 수년 전의 최고 기록은 (원자량) 105였다.

그러나 Z의 크기에는 한계가 있다. 프렌켈, 보어, 휠러는 우라늄보다 원자량이 큰 원소는 핵분열을 일으키고 만다는 것을 보여 줬다.

페르미의 연구팀은 1942년 12월 2일에 최초의 '원자로'를 개발했다. 그 다음 이야기는 바로 히로시마와 나가사키의 역사다.

* * *

앞서 말한 놀라운 발견들이 이뤄지기도 전인 1925년에 트로츠키는 멘델레예프 학술 대회에서 다음과 같이 주장했다. "멘델레예프의 원소 주기 법칙에서, 방사성 원소의 화학에서, 변증법은 자신의 더욱 빛나는 승리를 자축하고 있다."[34]

그 다음 해에 트로츠키는 미래에 핵에너지가 어떻게 쓰일지 예측했다.[35] 트로츠키 전기를 쓴 아이작 도이처는, 과학자들조차 앞으로 성취할 많은 발견들과 성과들에 대해 감히 꿈꾸지 못하던 시기에 핵에너지를 언급한 최초의 정치가가 트로츠키였다고 평가했다.

생물 세계의 양과 질

양질 전이 법칙을 보여 주는 몇 가지 생생한 예들을 생물학에서 찾을 수 있다. 먼저 우리에게 익숙한 예를 몇 개 들어 보자.

다윈은 ≪배추벌레의 활동과 배추 곰팡이의 형성≫(1881년)에서 작은 원인이 오랫동안 작용하면 굉장한 결과가 나온다는 것을 보여 줬다.[36]

다윈은 또한 부리가 짧은 비둘기의 예도 들었다. 부리가 너무 짧으면 새끼는 스스로 알을 깨고 부화할 수 없기 때문에 어미가 도와 줘야 한다는 것이다.[37]*

트로츠키는 멘델레예프 기념 강연(1925년)에서 다윈에 대해 이렇게 말했다. "이 뛰어난 생물학자는 작은 양적 편차들이 축적된 결과 완전히 새로운 생물학적 성질이 발생한다는 것을 보여 줬다."[38]

동물과 식물의 번식력

하이먼 레비는 18세기 말에 오스트레일리아로 데리고 온 애완용 토끼 한 쌍이 너무나 빨리 번식한 나머지 그 새끼들은 해로운 짐승 취급을 당한 예를 들었다.[39]**

---

* 트로츠키는 재미있는 여담에서 영국의 페이비언 협회 회원들을 부리 짧은 비둘기에 비유했다.[40]

** 고故 아서 업필드는 그가 쓴 소설에서 이 사건을 생생하게 묘사했다.

그밖에도 다른 지방에서 온 종들의 개체 수가 급격하게 증가한 예는 많다. 영국으로 간 아메리카의 회색 다람쥐,[41] 자메이카로 간 인도 몽구스, 캘리포니아로 간 참새 등.[42]

위의 경우들은 생태학적 불균형의 결과라고 설명할 수도 있겠지만, 다윈이 관찰한 진실은 이렇다. "모든 유기체의 자연 증가 속도가 매우 빠르기 때문에 지구가 파괴되지 않는 한 머지않아 한 쌍의 자손들이 지구를 뒤덮을 것이라는 법칙에는 예외가 없다."[43]

일찍이 1740년에 린네는 "텔루르에 관해"에서 일년생 식물은 20년 후에 100만 배로 번식한다고 지적했다.[44]

1.8미터짜리 대구 암컷은 20일 만에 부화하는 알을 600만 개 낳는다. 또 다른 1.8미터짜리 물고기인 수염대구는 약 2000만 개의 알을 낳는다.[45]

고속 번식하는 집파리에 이르면 섬뜩한 이론적 결론이 나온다. 한 쌍의 집파리는 한 달에 2만 마리의 새끼를 낳을 것이다.[46]

그러나 종의 개체 수 증가를 억제하는 여러 요인들이 있기 때문에 보통의 경우 종의 개체 수는 일정하게 유지된다.

이 기본적 사실은 다윈 진화론의 초석 가운데 하나다. 달시 톰슨이 말했듯이, "그러나 아무리 번식하더라도 이 개체군들의 증가에는 한계가 있다. 그들은 한계에 봉착하고, 증식 속도가 둔화하며, 마침내 더는 증가하지 않는다. 벌새 떼로 북적거리는 섬이든, 수많은 효모균이 있는 실험관이든, 수억의 인류가 살고 있는 대륙이든, 그들의 세계는 이미 포화 상태의 세계다. 한 개체나 개체군의 성장은 자연스러운 종말에 도달한다."[47]

맬서스의 과잉 인구론

1789년 영국에서는 맬서스 목사가 쓴 ≪인구 원리에 관한 소론≫이라는 제목의 책이 출판됐다. 그 책의 주된 주장은 이렇다. "인구는 억제되지 않는다면 기하급수적으로 증가한다. 식량은 단지 산술급수적으로만 증가한다.* 약간의 수학 지식만 있어도 기하급수적 증가가 산술급수적 증가에 비해 훨씬 더 위력적이라는 것을 알 수 있다."[48]**

공인된 사실이지만, 맬서스 목사의 수학 지식은 보잘것없었다. 인구 증가 법칙은 단순한 기하급수 법칙이 아니며, 식량 증가 법칙 또한 산술급수 법칙이 아니다.

아마도 맬서스에게는 인구 증가를 두려워할 마땅한 이유가 있었을 것이다. 영국의 인구 증가율은 1750년까지 한결같았다. 산업혁명과 함께 인구가 폭증했고 증가율도 올라서 1750년에 650만 명이었던 인구가 1801년에는 1630만 명으로 늘어났다.[49] 그러나 이러한 수치조차 25년마다 인구가 일반적으로 두 배 증가할 것이라는 맬서스의 주장을 뒷받침하지 못한다.

맬서스 목사의 계산 착오는 이 문제의 중요한 측면이 아니다. 그의 주장에는 정치적 동기가 있다. 그는 그 당시는 물론 오늘날의 반동

---

* 기하급수는 2, 4, 8, 16, 32 …… 와 같이 일정비의 곱으로 증가한다. 산술급수는 2, 4, 6, 8, 10 …… 과 같이 일정수의 덧셈으로 증가한다. 기하급수가 산술급수보다 훨씬 빨리 증가한다는 것을 쉽게 알 수 있다.

** R L 미크는 ≪마르크스와 엥겔스의 맬서스론≫(Lawrence and Wishart, 1953)에서 책 제목이 말해 주는 소재를 상세히 수집했다.

세력들에게 사이비 과학적 변론을 제공했다.

마르크스는 맬서스의 주장이 "당시 영국의 개혁 사상(고드윈 등의)과 프랑스 혁명을 겨냥한 것"[50]이라고 말했다.

마르크스는 맬서스의 이론에 "자극"받았다는 사실을 인정함과 동시에, 맬서스가 "표절자"이며 "인류에 대한 거짓말"을 자행한 "매수된 변론가"[51]임을 드러냈다.

마르크스는 맬서스의 이론이 인간 중심적이면서도 반反인간적이라고 지적했다. 왜 인간의 번식과 증식만 따지는가?[52]

마르크스는 추상적 인구법칙은 없다고 역설했다. "[역사] 발전의 각 단계마다 인구법칙은 다르다."[53]

엥겔스는 다음과 같이 썼다. "인류는 생존 수단의 압박을 받는 것이 아니라 고용 수단의 압박을 받고 있다. 인류는 부르주아 체제가 요구하는 것보다 더 빨리 증가할 수 있다. 이 부르주아 체제는 발전을 가로막는, 따라서 무너져야 할 장애물이라는 것이 이 사실을 통해 더욱 분명해졌다."[54]

* * *

다윈은 1838년 10월에 맬서스의 책을 우연히 읽게 됐다. 다윈은 몇 년에 걸친 심사숙고 끝에, 그가 수집한 산더미 같은 자료를 토대로 하나의 이론적 결론을 도출했다. 생존경쟁을 통한 적자생존의 원리가 있다는 것이었다.[55]

그러나 마르크스가 말했듯이, 맬서스는 인간의 증식력만 중요하게 여긴 반면에 다윈은 이론상으로는 모든 동식물이 증식한다는 것을 인

식했다는 점에 주목해야 한다.[56]

참고로 이것은 잘못된 발상에서 심오한 이론이 탄생할 수도 있음을 보여 주는 고전적 사례다.

* * *

멘델레예프는 과잉 인구론을 "맬서스의 횡설수설"[57]이라고 간단히 무시했다. 그는 "다다익선!"*이라고 말하면서, 적어도 이론상으로는 러시아의 증가하는 인구를 부양할 만큼 생산력이 확대될 수 있다는 증거와 수치들을 제시했다고 한다.[58]

달시 톰슨은 《성장과 형태》**(제3장)에서 인구 증가율에 관해 논했는데, 비록 맬서스가 중요한 문제를 제기했다는 점은 인정했지만 그의 이론을 뒷받침하는 증거는 "대단히 빈약하다"고 비판했다.

성장에는 한계가 있고 성장이 "자연스러운 종말"에 이른다는 톰슨의 관찰은 앞에서 살펴본 바 있다.

케틀레는 성장 요인에는 그에 비례하는 지체 요인이 따라다닌다는 것을 암시했고 베르헐스트는 분명히 주장했다.

1838년에 베르헐스트는 에드워드 라이트(1599년)의 S자형 '병참' 곡선을 사용해 인구 증가를 묘사했다. 이 곡선은 최소값을 나타내는 점

---

* 디미트리 이바노비치는 열일곱 명의 자녀 중 막내였다.
** 이 책은 기념비적인 저서다. 저술 기간도 길었고(1916~1941년), 수학을 응용해 자연을 연구한 걸작이다. 높은 문학적 경지를 보여 주는 책이기도 하다(캠브리지 대학 출판사에서 여러 가지 언어로 된 이 책의 인용문들을 영어로 옮긴 개정판을 냈으면 하는 바람이다).

근선에서 시작해 최대값을 나타내는 불분명한 점근선에서 끝난다.

이에 기초한 예측들이 맞아떨어지면서 이러한 변증법적 사고가 과학적으로도 옳다는 것이 증명됐다. 자신이 살던 시대에 베르헐스트는 프랑스 인구의 한계는 약 4000만 명, 벨기에는 약 800만 명이라고 예견했다. 한 세기 뒤에 그 수치들이 옳았음이 입증됐다.[59]

불가능한 세계*

어릴 적부터 시각적 원근감을 익힌 우리는 기하학의 '닮은꼴' 개념을 쉽게 이해할 수 있다. 멀리 있는 물건들, 예컨대 장난감, 그림, 사진, 지도 등은 작아 보인다. '닮은꼴' 개념을 더 확장하면 확대된 사물, 예를 들면 대형 그림, 조각이나 영화관의 화면 역시 '닮은꼴'의 예라는 것을 알 수 있다.

달시 톰슨이 말했듯이, 우리가 쌍안경의 어느 쪽 끝으로 세계를 보든 간에 우리는 현실 세계에 존재하는 비율들을 인정한다.[60]

기하학적 축소와 확대를 수학 용어로 '닮음 변환'이라 한다.

갈릴레이는 한 논문(1638년)에서 기하학적 닮은꼴에 대응하는 물리적 닮은꼴은 불가능하다는 사실을 처음으로 깨닫고 지적했다. 그는 '유사성', 즉 '역동적 유사성'의 개념을 도입했다.

----

* 고故 J B S 홀데인은 ≪가능한 세계≫라는 흥미로운 논문에서 이 주제를 다룬 바 있다.

갈릴레이는 적어도 아르키메데스 시대부터 알려져 있던 다음과 같은 초보적 산수 지식에 근거해 논리를 전개했다. 직선의 길이가 두 배로 늘면 면적은 네 배가 되고 부피는 여덟 배 증가한다.*

이 초보적 사실은 과학에서 대단히 중요하다.

이것은 측량 이론, 단위 이론, '차원' 이론의 토대다. 이것은 또한 수력학水力學과 선박 건조, 항공기 설계 모형을 연구하는 데 쓰인다.[61]

톰슨의 지적대로, 이 원리는 갈릴레이와 보렐리가 그랬던 것처럼 자연을 연구하는 데 사용됐어야 했지만 불행히도 그렇게 되지 못했다.

일단 톰슨의 고전 제2장('규모론')에 나오는 생각의 흐름을 따라가 보자.

조너선 스위프트의 난쟁이들은 기하학의 닮은꼴을 알고 있었다. 걸리버가 그들보다 12배 길었기 때문에 난쟁이들은 자기들이 먹고 마시는 식량과 와인의 1728배($12 \times 12 \times 12 = 1728$) 분량을 걸리버에게 허락했다.

그러나 톰슨이 보기에 스위프트는 갈릴레이의 유사성 원리를 이해하지 못한 듯했다.

그렇지 않고서야 이렇게 썼을 리가 없다.

따라서 박물학자들은 볼 수 있다

벼룩 위에 기생하는 더 작은 벼룩을.

그리고 이 작은 벼룩 위에 더더욱 작은 벼룩이 있고,

---

* 예컨대, 단위 입방체의 각 변이 두 배 길어지면 각 면의 넓이는 $2 \times 2 = 4$, 제곱 단위가 되고, 부피는 $2 \times 2 \times 2 = 8$, 세제곱 단위가 된다.

벼룩의 행렬은 이렇게 끝없이 이어진다.

(≪시론≫, 1833년)

난쟁이들과 거인들, 그리고 스위프트가 말한 끝없는 벼룩 행렬은 물리적으로 불가능한 예술가의 상상일 뿐이다. 그림 형제의 ≪엄지손가락 톰≫과 "나를 먹어라!", "나를 마셔라!" 하는 주문에 따라 커졌다 작아졌다 하는 루이스 캐럴의 ≪앨리스≫도 상상 속에서만 가능하다.

닮음 변환은 자연에서 일어나지 않는다. 규모는 형태에 한계를 부여하고 형태를 결정하는 요인이다.

캘리포니아의 세쿼이아 나무와 브리티시컬럼비아의 소나무가 발견되기 오래 전에 갈릴레이는 나무의 최대 높이가 약 90미터*일 것이라고 슬기롭게 예측했고, 그 예측은 정확했음이 입증됐다. 잭의 콩나무 줄기는 동화 속 환상에 불과하다.

칼 버그먼은 육상의 포유류가 쥐보다 작을 수 없는 이유와 작은 포유류가 바다 속에 살지 않는 이유(이것이 그의 '법칙'이다)를 규명했다. 찬 바다에서 태어나는 온혈 고래 새끼는 길이가 약 7.5미터에 무게가 약 20톤은 돼야 한다. 같은 이유로 남·북극 지방에는 작은 포유류나 조류가 살지 않는다.

정지 비행 능력은 오직 곤충이나 작은 새에게만 있다. 설령 타조에게 큰 날개가 있다고 하더라도 최저 이륙속도가 시속 약 160킬로미터에 이를 것이고, 큰 비행기가 이착륙하는 데 필요한, 자연에는 없는

---

* 갈릴레이 당시의 단위다. 가장 크다는 나무는 368피트짜리 세쿼이아이다.[62]

기다란 활주로가 필요할 것이다.

체중은 길이가 증가하는 비율의 세제곱으로 증가하지만 뼈의 자름 넓이(단면적)는 고작 길이가 증가하는 비율의 제곱으로 증가한다. 홀데인 2세는 동화에 나오는 거인들은 다리뼈가 부서지지 않고서는 걸을 수 없을 것이라고 지적했다. 같은 이유로, 기린의 뼈는 작은 반면 코끼리, 코뿔소, 하마와 같은 동물들은 땅딸막한 다리가 필요하다.

공룡의 체형과 크기는 늪지 환경에 적합했기 때문에 습지대가 말라 버리자 멸종하고 말았다.[63]*

반대로, 곤충처럼 작은 생물은 물에 젖는 것조차 부담스럽다. 불쌍한 곤충에게는 단 한 방울의 물도 자신의 몸보다 더 무거울 수 있으니 말이다.

곤충의 복잡한 눈, 즉 '겹눈'은 '에돌이[회절] 효과'(빛이 아주 작은 틈새를 통과하거나 날카로운 모서리를 스칠 때 영상이 흐릿해지는 효과)에 대비하기 위해 필요한 장치다. 결국 속담에 나오는 '꿀벌의 경로'[일직선을 뜻함 — 옮긴이]는 사실은 일직선이 아니라 등각 나선형의 호弧라는 얘기다.[64]

몽타주

은연중에 양질 전이 법칙의 몇 가지 측면을 알고 있었을 뿐 아니라

---

* 남극에서 석탄의 발견(1929년 버드 제독)은 남극이 옛날 석탄기에 숲이었음을 의미하듯이, 몽고의 사막에서 공룡 알이 발견됐다는 사실은 한때 그 지역이 거대한 늪지대였음을 말해 준다.

실생활에서 직접 응용했던 고대인들도 있었다.

중국의 상형문자 둘을 합하면 표의문자表意文字가 된다. 예를 들면, 나무木 + 나무木 = 숲林.[65]

이집트의 상형문자에서는 눈 + 물 = 눈물이다.

100만을 뜻하는 이집트 상형문자는 적절하게도, 깜짝 놀란 사람이다.

아이들은 누구나 손가락으로 셈하는 법을 배운다*('digit'라는 단어가 손가락, 발가락, 또는 숫자를 뜻하는 것은 결코 우연이 아니다). 로마 시대 이전의 어느 천재는 숫자를 하나(I), 둘(II), 셋(III), 넷(IIII), 손으로 셌고, 다섯은 손을 나타내는 상형문자 V로 표기했다. 로마 숫자는 십진수였지만 표기는 오진법으로 했다. 열(10)을 나타내는 표의문자는 두 손을 서로 더한 것이다. 즉, V + V = X.

몇몇 원시 언어에서는 '두 손'이 10을 뜻하거나, 간혹 의미가 확대돼 '사람'이 10을 뜻하기도 한다.[66]

위대한 영화감독 세르게이 예이젠시테인의 몽타주 이론은 두 가지 장면을 병렬로 배치할 때 새로운 질이 나타난다는 사실에 근거한다. 그는 이 원리가 모든 사실이나 사물 또는 현상의 쌍에 두루 적용된다고 말하면서 시인 브라우닝에 대한 찬사를 인용했다. 브라우닝은 "세 가지 소리를 들으면" "네 번째 소리를 짜 맞추는 대신 별 하나를 상상해"[67] 낼 줄 알았다는 것이다.

----

* 원시인들과 마찬가지로, 손가락셈을 배우기 전의 아이들은 3보다 큰 숫자를 '하늘만큼 땅만큼'이라고 생각한다.

예이젠시테인은 두 단어를 하나의 '합성어'로 뭉쳤을 때 단어의 성격이 새로워진다는 사실에 아마도 처음으로 주목한 루이스 캐럴의 업적을 칭찬했다.

≪거울 속의 앨리스≫(제6장)에서 험티 덤티는 말하기를, "**활발하다**는 말은, 활기차고 발랄하다는 뜻이지. 말하자면 합성어 같은 것이야. 두 가지 의미가 한 단어 안에 들어 있지."[68]

예이젠시테인은 심리 현상에서도 합성어 효과가 존재한다는 프로이트의 발견에 주목했다. 프로이트가 꿈에 대해 연구하던 중에 발견한 '응축凝縮 효과는, 별개의 관념들이 무의식적으로 '새로운 통일체'를 이루는 현상이다.[69]

≪농담과 무의식의 관계≫에서 프로이트는 특히 '합성어의 형성'[70]에 관해 연구하면서, 하이네의 '백만장자 가족famillionaire', 디즈레일리의 '옛 이야기 하고 싶어 하는 나이anecdotage', 그리고 브릴의 '알코올 휴일alcoholidays'을 인용했다.

도약

양이 질로 전이하는 과정은 점진적이거나 연속적이지 않다.

부풀어 오른 풍선이 점진적으로 터질 수는 없는 노릇이다.

물은 갑자기 끓어오르고, 냉각하면 어느 순간에 급히 얼어붙는다.

헤겔은 자연에 존재하는 갑작스런 변화들, 연속성의 단절과 한 단계에서 다음 단계로의 도약에 주목했다.

헤겔은 《논리학》에서 다음과 같이 썼다.

혹자는 자연에 도약은 없다고 말한다. 또한 보통의 상상력을 가진 자들은 스스로 사건의 발생과 경과를 이해했다고 생각하는데, 실제로 그렇지는 않다. …… 그들은 다만 그것이 점진적인 탄생이나 소멸이었다고 상상할 뿐이다.[71]

존재의 변화는 어떤 양이 다른 양으로 변하는 것일 뿐 아니라, 질이 다른 질로, 또는 그 역으로 변하는 것이기도 하다. 모든 종류의 질적 변화는 점진성의 중단을 수반하고, 현상에 이전과 질적으로 다른 새로운 양상을 초래한다. 그러므로 물은 냉각했을 때 천천히 얼지 않고 …… 갑자기 언다. 이미 어는점까지 냉각시킨 물이 액체 상태를 유지하려면 평온하게 있어야 한다. 조금만 충격을 가해도 그것은 얼음이 된다.[72]

헤겔이 지적했듯이, 양에서 질로 전이하는 변화는 자연현상의 보편적 특징인 데다 그러한 변화는 갑작스럽고, 점진성을 파괴하며, 한 단계에서 다른 단계로 도약하는, 변화와 발전 과정상의 매듭이다.

헤겔은 덧붙이기를, "모든 탄생과 죽음은 연속적이고 점진적인 것이 아니라 오히려 연속성과 점진성을 방해하는, 양적 변화에서 질적 변화로의 도약이다."[73]

엥겔스는 "한 가지 운동 형태에서 다른 운동 형태로 변하는 과정은 언제나 점진성을 무시하는 도약이고, 결정적 변화다"고 거듭 주장하면서, 천체와 지상의 역학, 물리학, 화학 등 모든 분야에서 이것이 사실이라고 말했다. "생명의 영역에서는 도약이 훨씬 드물어서 감지하기 힘들다."[74]

감지하기 힘들긴 하지만, "자연은 도약으로 가득 차 있다"[75]고 엥겔스는 말했다.

플레하노프는 다음과 같이 말했다.

양적 변화가 점차 축적되면 마침내 질적 변화가 된다. 이러한 이행은 도약 이외의 방식으로 이뤄질 수 없다.[76]

변증법은 …… 자연과 인간의 사고와 역사에서 도약은 불가피하다는 것을 잘 알고 있다. 그러나 변증법은 또한 모든 변화 단계에서 **끊임없는 과정**이 작용하고 있다는 분명한 사실을 간과하지 않는다. 다만 점진적 변화가 도약으로 이행하기 위한 일련의 조건들을 더 분명히 인식하려 할 뿐이다.[77]

동물의 새끼 대부분은 태어남과 동시에 뱃속이나 알속에서 누리던 안락을 상실한다. 양분과 공기의 공급이 **갑자기** 끊어진다. 그래서 두 가지 혁명을 경험하게 된다. 그들은 코로(또는 아가미로) 숨 쉬고 입으로 먹기 시작하는 것이다.

곤충들은 변태를 한다. 플레하노프는 자연과 역사의 급격한 변화에 관한 깔끔하고 흥미로운 논문에서 티호미로프를 반박하면서 나비의 예를 들었다. 유충은 어느 시점까지 날마다 성장한다. 어느 날 갑자기 유충은 번데기가 되고, 한동안 수면 상태로 있다가, 다시 한 번 갑자기 화려한 나비로 거듭난다.[78]

그러나 플레하노프도 예상했듯이,[79] 갑작스러운 것과 점진적인 것의 차이는 단지 시간적 기준의 선택에 따른 상대적 차이일 뿐이며, "자연은 도약하지 않는다"*는 반론도 있다. 그렇지만 선택된 시간적 기준 내에서조차 가속과 감속이 존재한다는 사실은 쉽게 알 수 있다.

지금까지 철학자들의 얘기를 들어 봤다. 엥겔스는 1878년에, 플레하노프는 1889년에 각자의 견해를 밝혔다. 이제는 과학자들의 얘기를 들어 보자.

우리가 봤듯이 에너지의 불연속성을 발견하고 1900년에 '양자量子 가설'을 세운 막스 플랑크는 이렇게 말했다. "최근의 발견들을 통해 알 수 있는 것은 이 명제(자연은 도약하지 않는다는)가 열역학 법칙에 모순된다는 것이다. 우리가 보는 것이 진실이라면, 이 명제의 유효 기간은 얼마 남지 않았다. 자연은 분명 경련하면서 운동하고, 그것도 아주 기묘하게 경련한다. 어찌됐든, 양자 가설 덕분에 연속적이지 않고 폭발적인 변화들이 자연에서 일어난다는 관념이 생겼다."[80]

우주론 분야에서는 별의 진화에 관한 라플라스의 이론이 후대의 연구를 통해 수정됐다. 진스는 천체가 점진적으로 수축하지 않고 "발작하듯 오그라들었다"[81]고 말했다.

* * *

1864년에 토마스 헉슬리는 다음과 같이 말했다. "다윈은 '자연은 도약하지 않는다'는 신념에 지나치게 매달림으로써 불필요하게 자신

---

* 이 금언은 종종 아리스토텔레스의 말이라고 생각하지만 십중팔구 라이프니츠가 말한 것이다. "Natura non facit saltus."[82]

을 제약했다. 자연은 종종 변이 등을 일으키며 상당한 도약을 하는 것 같다. 그리고 이러한 도약은 기존 형태에 어떤 차이를 낳는다."[83]

1902년에 네덜란드의 생물학자 드브리스는 생물의 유전 형질이 돌변하는 현상, 즉 '돌연변이' 현상을 발견했다.

1906년에 찬드라 보스 경은 식물이 작고 규칙적인 파동에 따라 성장한다고 주장했다.

* * *

양질 전이와 그 역의 법칙은 이처럼 존재의 모든 측면에 적용된다. 어떠한 과정도 무한정 지속될 수 없다. 특정 단계에 이르면 전환이 이뤄져야 하며, 그 전환은 점진적인 것이 아니라 갑작스럽고 불연속적인 도약일 것이다.

후주

1장 서론

1   Marx/Engels, *Collected Works* II, Letter to Ruge, June 15 1842.

2   Marx/Engels, *Collected Works* I 의 주 참조.

3   Engels, *Ludwig Feuerbach*, Section IV, *Selected Works*, Moscow, III, 1970, p 362.
    Marx, *Capital*, Moscow Edition, p 372~3n도 참조.

4   Plekhanov, *Development of the Monist View of History* (1895), Lawrence &
    Wishart, 1947, p 245. *Fundamental Problems of Marxism* (1907), Section I,
    Selected Works, Moscow, Vol III, 1976. *On A Pannekoek's Pamphlet* (1907),
    Selected Works, Vol III, p 94. Lenin, *Three Sources...* (1913) and Bottomore and
    Rubel. *Karl Marx*, Watts, 1956, p 20도 참조.

5   Lenin, *Three Sources and Three Component Parts of Marxism* (1913).

6   Engels, *On Marx's Critique*, *Selected Works* I, p 513. *Ludwig Feuerbach*, *Selected
    Works* III, p 361. *Letter to Mehring*, July 14 1893, *Selected Works* III, p 495.

7   Plekhanov, *Fundamental Problems*, Section I. *Development of the Monist View...*
    Ch 5.

8   Letter of January 14 1858.

9   Sidney Hook, *From Hegel to Marx,* Ann Arbor, 1962, p 61에서 인용.

10 Marx, Introduction to *The Critique of Political Economy* (1859).

11 Antonio Labriola, *Essays on the Materialist Conception of History* (1896), Monthly
    Review Press, 1966, p 155.

12 Marx, *The Leading Article of 179*, Kölnische Zeitung (1842), *Collected Works* I.

13 Freud, Clark University Lectures, 1909, Lecture I.

14 Engels, Old Preface to *Anti-Duhring, Dialectics of Nature,* Moscow, 1964, p 44.

15 Lenin, *Collected Works* 38, p 349.

16 Lenin, *Collected Works* 19. *Marx, Engels, Marxism*도 참조.

17 D'Arcy W Thompson in *The Legacy of Greece*, Oxford University Press, p 141.

18 Lenin, *On the Significance of Militant Materialism* (1922).

19 Trotsky, *The Living Thoughts of Marx*, Introduction.

2장 역사적 과업 ― 문제 제기

1 Engels, *Anti-Duhring*, Moscow, 1962, pp 470~471.

2 Marx, *The King of Prussia and Social Reform*, *Collected Works* III, p 190.

3 Marx, *Theses on Feuerbach*, Thesis I.

4 Lenin, *Collected Works* 38, p 345에서 인용.

5 Engels, *Anti-Duhring*, p 194. *Ludwig Feuerbach*, *Selected Works* III, Moscow, 1970, p 362도 참조.

3장 유물론

1 Marx to Engels, Letter of 12/12/1868, Lenin, *On Marx*, 1913에서 인용.

2 T Huxley, *Science and the Christian Tradition*, 1870, Ch 7, R L Worrall, *The Outlook of Science*, Staples, 1946, p 57을 보시오.

3 N Bukharin, *Historical Materialism*, International Pulishers, 1933, p 57.

4 Lenin, *Materialism and Empirio-Criticism*, Ch 2, Sec 4, *Collected Works* 14, p 130.

5 같은 책, Ch 5, Sec 2, *Collected Works* 14, pp 260~261.

6 V Vermilov, *Chekov*, Moscow, 발행 연도 없음, p 204.

7 Worrall, *The Outlook...* p 47에서 인용.

8 같은 책, p 94, Kuznetsov, p 67도 참조.

9 B Kuznetsov, *Einstein*, Moscow, 1965, p 94에서 인용.

10 Worrall, p 16에서 인용.

11 Max Planck, *Physics and Philosophy*, Allen & Unwin, 1936.

12 Max Planck, *Whither Science?* Allen & Unwin, 1933, p 82.

13 Lenin, *Materialism and Empirio-Criticism*, Ch 1, Sec 4, *Collected Works* 14, p 75.

14 Engels, *Ludwig Feuerbach*, Moscow, 1970, *Selected Works* III, p 348.

15 Engels, *On Historical Materialism*, 1892, *Selected Works* III, p 9을 보시오.

16 Engels, *Natural Science in the Spirit World* in *Dialectics of Nature*.

17 Marx, *Introduction* to *The Critique*. 그 사상은 ≪독일 이데올로기≫ (1845~1846)에 이미 나타나 있다.

18 Marx, *Capital* I, 제2판 후기.

19 Lenin, *Collected Works* 14/55, pp 69~70, 246, 326, 336도 참조.

20 Huxley, *Hume, His Life and Philosophy*, Plekhanov *Fundamental Problems of Marxism*, Sec 3에서 인용.

21 E Schrodinger, *Science and the Human Temperament,* Allen & Unwin, 1935, p 71.

22 Trotsky, *Radio, Science, Technique and Society*, 1926.

23 Rene Descartes, *Discourse on Method*, 1637, Penguin, 1960, p 62.

24 Schopenhauer, *The Philosophy of Schopenhauer*, Modern Library, 1928, p 3.

25 Blaise Pascal, *Pensées*, II/77.

26 W T Stance, *The Philosophy of the Hegel,* MacMillan, 1924, p 128에 서 인용.

27 Marx, Letter to Kugelman, 6/3/1868.

28 Marx, *Capital* I, 제2판 후기.

29 Roy Pascal, *Karl Marx, His Apprenticeship to Politics*, Labour Monthly, London, 발행 연도 없음, p 5.

30 S Radhakrishnan, *Hinduism* in *The Legacy of India*, Oxford, 1938, p 256.

31 Engels, *Ludwig Feuerbach*, Sec 2, *Selected Works* III, p 305.

32 Trotsky, Introduction to *The Living Thoughts of Marx*.

4장 변화만이 '절대적' 현상이다

1 Newton의 말은 D'Arcy W Thompson, *On Growth and From,* Cambridge University Press, 1942, p 1030에서 인용.

2 Engels, *Dialectics of Narture*, p 100.

3 Laplace: Engels, *Dialectics of Nature*, p 203을 보시오. 그 배경에 관한 자료는 M Kline, *Mathematics in European Civilization*, O.U.P., N.Y., 1964, Ch 14~18을 보시오.

4 Gamow, *The Greation of the Universe*에서 인용.
5 L de Broglie, *Matter and Light*, p 237을 보시오.
6 D'Arcy W Thompson, p 291에 인용된 Maxwell의 말.
7 Hutton. W L Stokes, *Essentials of Earth History*, Prentice Hall, 1960, p 37에서 인용.
8 Engels, *The Origin of the Family* (1884)을 보시오.
9 Marx, *Introduction* to *The Critique*, p 20.
10 Engels, *Ludwig Feuerbach* Sec 4, *Selected Works* III, Moscow, 1970, p 362. *Dialectics of Nature*, Moscow, 1964, pp 27, 31도 보시오.

4장 몇 가지 기본 원칙

1 Plekhanov, *Selected Works* I, p 606과 Lenin, *Collected Works* 38, p 109을 보시오.
2 T H Huxley, *Darwiniana*, McMillan, 1893, p 292.
3 Luther Burbank, *An Architect of Nature*, Watts, p 29.
4 Marx's letter to Oppenheimer, 28/8/1842, *Collected Works* I, p 392.
5 Marx to Annenkov, 28/12/1846.
6 Marx, *Wage Labour and Capital*, 1847, *Selected Works* I, p 159.
7 Marx, *A Contribution to the Critique of Political Economy* (1859), Moscow, 1977, p 197.
8 Marx, *Letter to Otochestvenniye Zapitsky*, November 1877, *Selected Correspondence*, p 313.
9 Engels, *Socialism Utopian and Scientific*, Section 1, *Selected Works* III, p 126.
10 Engels, *L Feuerbach*, Sec 2, *Selected Works* II, p 359. See also p 350.
11 *Dialectics of Nature*, p 348에서 인용.
12 Engels, *Anti-Duhring*, p 76 (Ch 5)
13 Lenin, *Materialism and Empirio-Criticism*, Ch 3, Sec 5, *Collected Works* 14, p 175.
14 Worrall, *Energy and Matter*, Staples, 1948, p 40.
15 Marx, *Capital* I, Ch 1, Sec 4n, Moscow Edition, pp 81~82.
16 Goethe, *Conversations with Eichermann*, Eisenstein, *Film Form*, Denis Dobson, p 45에서 인용.

17 Marx and Engels, *The German Ideology*, Moscow, 1964, p 50.

18 *Capital* I, Moscow, p 177.

19 Marx, *Revolution in China and in Europe* (1853), In *On Colonialism*, Moscow, 1976, p 19.

20 Marx, *Critique...* p 205.

21 *Dialectics of Nature*, p 71.

22 같은 책, p 83.

23 같은 책, p 235.

24 같은 책, p 306.

25 Mehring, *Historical Materialism*, New Park, 1975.

26 G Zinoviev, *New International*, N.Y., Sept-Oct, 1952, p 23에서 인용.

27 *Where is Britain Going?* Preface to the US Edition, Socialist Labour League Edition, London, 1960의 p 21도 참조.

28 E Schrodinger, *Science and Humanism*, Cambridge, 1951.

29 Lenin, *Collected Works* 38, p 263에서 인용.

30 Kitto, *The Greeks*, Penguin 1959, p 193.

31 Marx-Engels, *Collected Works* I, p 12.

32 *Capital*, 제2판 후기.

33 Engels, *Ludwig Feuerbach*, *Selected Works* III, p 362.

34 Engels, *Anti-Duhring*, Moscow, 1962, p 36.

35 Trotsky, *Whither France?* p 54.

36 Trotsky, Introduction to *The Living Thoughts of Karl Marx*.

37 Trotsky, *In Defence of Marxism*, Pioneer Edition, p 50.

38 D'Arcy W Thompson, *On Growth and Form*, Cambridge, 1942, p 62.

39 R L Worrall, *The Outlook of Science*, Staples, 1936, p 192.

40 Marx, *Grundrisse* 1857~1858, Bottomore and Rubel, *Marx* Watts, 1956, p 96에서 인용. A Labriola, *Essays on the Materialist Conception of History*, Monthly Review, 1966, p 168도 참조.

41 Trotsky, *The Permanent Revolution*, Pathfinder, 1974, p 146.

42 Eisenstein, in *Film Form*에서 인용.

43 René Descartes, *Discourse on Method*, Penguin, 1960, p 50.

44 *Philosophical Problems of Elementary Particle Physics*, Moscow, 1968, p 409.

45 H Kesten, *Copernicus*, Roy N.Y., 1845, p 133에서 인용.

46 Lenin, *Collected Works* 38, p 202에서 인용.

47 *The Dialectics of Nature*, p 235.

48 Lenin, *On the Question of Dialectics*, 1915, *Collected Works* 38, p 359 참조.

49 Lenin, *Collected Works* 38, p 221.

50 Marx, *Critique*, pp 206~207.

51 R L Worrall, *Energy and Matter*, Staples, 1948, p 50.

52 J G Crowther, *Famous American Men of Science*, Secker & Warburg 1937, p 288.

53 *On Growth and Form*, p 1032.

54 M Kline, *Mathematics in Western Culture*, O.U.P., N.Y., 1964.

55 특히 Einstein & Infeld, *The Evolution of Physics*을 보시오.

56 특히 G Gamow, *One, Two, Three, Infinity*, p 309를 보시오.

57 *Dialectics of Nature*, p 196.

58 *Capital*, 독일어 초판 서문.

59 Lenin, *Three Sources of Marxism*.

60 Rosa Luxemburg, *The Junius Pamphlet*, p 10.

61 Trotsky, *The Communist Manifesto Today*, 1937.

62 Trotsky, *Lenin Wounded*, Speech, 1918.

63 H Poincare, *Science and Hypothesis*.

64 T H Huxley, *Darwiniana*, McMillan, London, 1893, p 276.

65 Gamow, *One, Two, Three...* p 139를 보시오.

66 특히 Hogben, *Mathematics for the Million*을 보시오.

67 Kline, *Mathematics in Western Culture*, Ch 10과 11.

68 M Vygodsky, *Mathematical Handbook — Higher Mathematics*, Mir, Moscow, 1975, p 809.

69 Ya B Zeldovich, *Higher Mathematics*, Mir, Moscow, 1973.

70 B Kuznetsov, *Einstein*, Progress, Moscow, 1965. R L Worrall, E*nergy and Matter*, Staples, 1948, p 41 이하도 참조.

71 *On Growth and Form*, p 67.

72 E T Bell, *Men of Mathematics*, Gollancz, 1923.

73 Vera Sanford, *A Short History of Mathematics*, Harrap, 발행 연도 없음, p 310.

74 Meredith & Hogben, *Algebra by Visual Aids*, Allen & Unwin, 1948, Book III, Ch 20.

75 Gamow, *One, Two, Three...*, Ch 2.

76 *Anti-Duhring*, pp 128~129.

77 *Dialectics of Nature*, pp 241~242.

78 Marx and Engels, *The Holy Family*, Ch 6.

79 Sanford, p 326.

80 Ernest Jones, *The Life and Work of Simund Freud*, Penguin, 1961, p 62.

81 O N Pisarzhevsky, *Mendeleyev*, Moscow, 1954, p 27.

82 Engels, *Ludwig Feuerbach, Selected Works* III, p 349.

83 *Dialectics of Nature*, p 260.

84 M Prenant, *Marxism and Biology*, Lawrence & Wishart, Introduction.

85 Lenin, *Collected Works* 38, p 247.

86 *Comunist Manifesto*, Section 2, *The Poverty of Philosophy*, Moscow Edition, p 121 도 참조.

87 *Capital*, 독일어 제2판 후기, Moscow, p 18.

88 Marx, *Letter* of November 1877.

89 *Capital*, Ch 25, Sec 3, Moscow Edition, p 632.

90 *Dialectics of Nature*, p 313. Letter to Lavrov, 1975도 참조.

91 *Letter* to Lange, 1865.

92 *Anti-Duhring*, Part II, Sec 1. Part I, Sec 9도 참조.

93 Trotsky, Introduction to the *Living thoughts of Karl Marx*.

94 Plekhanov, *The Development of the Monistic View of History*, *Selected Works* I, p 711.

95 Lenin, *Collected Works* VII, p 412 (*One Step Forward*).

96 Einstein and Infeld, *The Evolution of Physics*, p 158.

97 Marx, *Critique*, p 211.

6장 대립물의 통일

1 Marx, *Revolution in China and Europe*, May, 24th, 1853, *On Colonialism*, Progress Publishers, 1976, p 19.

2 Engels, *Natural Science in the Spirit World*, in *Dialectics of Nature*, Moscow, 1964,

p 51.

3   H Troyat, *Firebrand*, Heinemann, 1946, p 92.

4   Leo Tolstoy, *Resurrection*, Ch LIX.

5   B Farrington, *Greek Science*, Pelican, 1949, pp 57과 124.

6   Shakespeare, *Romeo and Juliet*, I, v.

7   Leo Tolstoy, *The Kreuzer Sonata*.

8   *Reminiscences of Marx and Engels*, Moscow, 발행 연도 없음, p 255.

9   D H Lawrence, *Sons and Lovers*, Heinemann Edition, p 353.

10   D H Lawrence, *The Rainbow*, Penguin, p 136.

11   같은 책, p 169.

12   Ernest Jones, *The Life and Work of Sigmund Freud*, Pelican, 1964, p 118.

13   S Freud, *Autobiography*, Hogarth, 1946, p 92.

14   S Freud, *Clark University Lectures*, 1909, Lecture IV. (In *Outline of Psychoanalysis*, Modern Library와 *Two Short Accounts of Psychoanalysis*, Pelican, p 74)

15   S Freud, *Thoughts on War and Death*, Hogarth, 1937, p 7.

16   S Freud, *An Outline of Psychoanalysis*, Hogarth, 1949, p 6.

17   E Jones, 앞의 책, p 478.

18   Havelock Ellis, *Studies in the Psychology of Sex*, Vol I, pt. II. Random House, 1936, p 66.

19   같은 책, p 102.

20   같은 책, p 119.

21   S Freud, *Three Contributions to the Theory of Sex*, 1905, (In *The Basic Writings of Sigmund Freud*, Modern Library, p 570).

22   S Freud, *Clark University Lectures* IV (Pelican Edn, p 74).

23   H Ellis, 앞의 책, II, ii, p 362.

24   D'Arcy W Thompson, *On Growth and Form*, p 249에서 인용.

25   Goethe, *Faust*, 제1막, 제1장.

26   Engels, *Anti-Duhring*, Ch 12, Moscow Edn, 1962, p 167.

27   Engels, *Dialectics of Nature*, p 300.

28   Gregory Zilboorg, *Sigmund Freud*, Scribners, 1951, p 26.

29   Hegel *Logic*, Clarendon, p 222. David Guest, *Dialectical Materialism*, Lawrence and Wishart, 1939, pp 42~43에서 인용.

30 H Ellis, 앞의 책, II. I, p 150. S Freud, *The Ego & the Id*, Hogarth, 1947, p 67. D H Lawrence, *Sons and Lovers*, Heinemann, p 310.

31 H D F Kitto, *The Greeks*, Pelican, 1959, p 180.

32 Newton's *Principia*, Kline, *Mathematics in Western Culture*, p 206에서 인용.

33 Engels, *Dialectics of Nature*, p 247.

34 George Gamow, *The Creation of the Universe*, Mentor, pp 33 이하 참조. W M Smart, *The Riddle of the Universe*, Longmans, 1968, pp 187 이하 참조. 더 진전된 논의는 G.F Lemaitre, *The Cosmological Constant*, in *Einstein, Philosopher-Scientist*, Tudor, N.Y., 1951을 보시오.

35 Hogben, *Mathematics for the Millions*.

36 G P Meredith and L Hogben, *Algebra by Visual Aids*, Allen & Unwin, 1948, Book IV, Ch 20.

37 V Vygodsky, *Elementary Mathematics*, Mir, 1979, p 127. G Gamow, *One, Two, Three, Infinity*, Mentor, 1947, p 41. Vera Sanford, *A Short History of Mathematics*, Harrap. pp 186~187.

38 Vygodsky, 앞의 책, p 132.

39 Gamow, *One, Two, Three...* p 41.

40 Tobias Dantzig, *Number, the Language of Science*, Allen & Unwin, 1930, p 204.

41 Sanford, 앞의 책, pp 186~187.

42 Dantzig, 앞의 책. p 189.

43 같은 책, p 190.

44 Ya P Zeldovich and A D Myskis, *Elements of Applied Mathematics*, Mir, Moscow, 1976, p 158.

45 *The Legacy of Greece*, Oxford, p 53 (*Science* by R.W. Sloley)

46 Kline, 앞의 책, pp 56~57. Dantzig, 앞의 책, p 123.

47 Dantzig, 앞의 책, p 147.

48 Engels, *Dialectice of Nature*, p 268.

49 Erwin Schrodinger, *Science and the Human Temperament*, A & U, 1935, p 82.

50 Vera Sanford, 앞의 책, p 177.

51 B Farrington, *Greek Science*, Vol I, Ch 4.

52 Lenin, *Collected Works* 38, p 254.

53 같은 책, p 105.

54 같은 책, p 105.

55 같은 책, pp 261~262.

56 W Warde, *An Introduction to the Logic of Marxism*, Pioneer, 1953, p 48.

57 Lenin, *Collected Works* 38, p 106.

58 같은 책, p 105.

59 같은 책, p 104.

60 같은 책, p 262.

61 Engels, *Dialectics of Nature*, Moscow, 1954, p 38과 p 41도 보시오.

62 Engels, *Anti-Duhring*, Moscow, p 33.

63 T Dantzig, *Number, The Language of Science*, Allen & Unwin, 1930, Ch VII.

64 Lenin, *Collected Works* 38, p 258.

65 M Kline, *Mathematics in Western Culture*, O.U.P., 1963, pp 403~404. L Hogben, *Mathematics for the Million*도 참조.

66 Lenin, *Collected Works* 38, p 357.

67 같은 책, p 259.

68 같은 책, p 259.

69 James Jeans, *Atomicity and Quanta*, 1926에서 인용.

70 같은 책, pp 257, 259.

71 Lenin, *Collected Works* 38, p 259.

72 같은 책, p 259.

73 Engels, *Anti-Duhring*.

74 Plekhanov, *Introduction to Ludwig Feuerbach*, *Selected Works* III, pp 74~75.

75 L de Broglie, *Revolution in Physics*, Routledge, 1954, p 15.

76 Lenin, *Collected Works* 38, pp 259~260.

77 E Schrodinger, *Science and Humanism*, Cambridge, 1951, p 54.

78 Worrall, *Energy and Matter*, p 124에서 인용.

79 Lenin, *Collected Works* 14, p 260, *Materialism and Empirio-Criticism*, Ch 5, Sec 2.

80 같은 책, p 262.

81 B Kuznetsov, *Einstein*, Progress, Moscow, 1965, p 138.

82 G P Thomson, *The Inspiration of Science*, C.U.P., 1961, p 93.

83 Max Born, *The Restless Universe*, Blackie, p 177.

84 B Kuznetsov, *Einstein*, p 139.

85 Einstein and Infeld, *The Evolution of Physics*, p 278.

86 *Einstein, Philosopher Scientist*, Tudor, N.Y., 1951, p 153.

87 M S Smith, *Modern Physics*, Longmans, 1966, p 139.

88 A H Compton, in *Physics Review*, July, 1929.

89 Lenin, *Materialism and Empirio-Criticism*, Ch 5, Sec 1.

90 같은 책.

91 같은 책, Ch 5. (*Collected Works* 14, p 313).

92 Einstein and Infeld, *The Evolution of Physics*, p 278.

93 *Einstein, Philosopher Scientist*, Tudor, N.Y., 1951, p 153.

94 Gamow, *One, Two, Three...* p 151.

95 Max Planck, *Where is Science Going?* p 28.

96 Louis de Broglie, *Matter and Light,* Allen & Unwin, 1939, p 35.

97 같은 책, p 231.

98 E Schrodinger, *Science and Humanism*, Cambridge, 1951, pp 30~31과 54.

99 *Einstein, Philosopher Scientist*, p 105.

100 D'Arcy W Thompson, *Growth and Form*, p 1094.

101 Dedekind, *Continuity and Irrational Numbers*, 1872, Dantzig, *Number*, p 171에서 인용.

102 Engels, *Dialectics of Nature*, p 17.

103 E Mach, *Science of Mechanics*, 1902, p 395, D'Arcy W Thompson, 앞의 책, p 357 에서 인용.

104 D'Arcy W Thompson, 앞의 책, p 356.

105 Zeldovich and Myskis, *Elements of Applied Mathematics*, Mir, Moscow, 1976, p 499.

106 F Gantmacher, *Lectures in Analytical Mechanics*, Mir, Moscow, 1975, pp 27과 169.

107 Zeldovich and Myskis, 앞의 책, p 499. D'Arcy W Thompson, 앞의 책, p 355도 참조.

108 M Vygodsky, *Higher Mathematics*, Mir, 1975, p 837.

109 D'Arcy W Thompson, 앞의 책, p 372.

110 Gantmacher, 앞의 책, pp 27, 28.

111 Max Planck, 앞의 책.

112 D'Arcy W Thompson, 앞의 책, p 356.

113 같은 책, p 356.

114 같은 책, p 357.

115 같은 책, p 527.

116 같은 책, p 356.

117 같은 책, p 6.

118 같은 책, p 356.

119 같은 책, p 351.

120 같은 책, p 352.

121 같은 책, p 355.

122 같은 책, p 356.

123 같은 책, pp 222, 376, 482~483, 568.

124 같은 책, p 467.

125 R W Hutchinson, *Intermediate Electricity*, University Tutorial Press, 1941, p 359.

126 E Schrodinger, *Science and the Human Temperament*, p 117.

127 Freud, *Autobiography*, p 1105. *The Question of Lay Analysis*, (Penguin Edition, p 110). *Beyond the Pleasure Principle*, pp 3, 44 이하 참조. A A Brill, *Psychoanalytic Psychiatry*, Vintage, N. Y., 1955, pp 59, 108.

128 Trotsky, *The Paris Commune*, 1917.

129 Lenin, *The April Theses*.

130 Lenin, *Left-Wing Communism*. Sec II.

131 Trotsky, *Terrorism and Communism*, Ann Arbor, 1961, p 133.

132 Engels, *Dialectics of Nature*, p 222.

133 L de Broglie, *The Revolution in Physics*, Routledge, 1954, p 14.

134 Laplace, *Essay on the Calculus of Probabilities*, Dantzig, 앞의 책, p 136에서 인용. de Broglie, *Matter and Light*, p 237에서도 인용.

135 Schrodinger, *Science and the Human Temperament*, p 44.

136 D'Arcy W Thompson, p 118.

137 같은 책, pp 119, 136.

138 같은 책, p 75.

139 H Levy, *Modern Science*, p 134.

140 같은 책, p 133.

141 D'Arcy W Thompson, 앞의 책, p 377.

142 G P Thomson, 앞의 책, p 19.

143 Max Born, 앞의 책, p 49.

144 H Levy, 앞의 책, p 126.

145 같은 책, p 637.

146 Galton. Wallis and Roberts, *Statistics*, The Free Press에서 재인용.

147 G Zilboorg, *Sigmund Freud*, Scribners, 1951, p 45. 이하 참조.

148 E Schrodinger, *Science and the Human Temperament*, Allen & Unwin, 1935, p 11. p 109도 참조.

149 Engels, *Dialectics of Nature*, p 223.

150 Marx, *Wage Labour and Capital*, *Selected Works* I , p 157.

151 Marx, *Capital* I , Moscow Edn, p 356.

152 O Yakot, *Materialist View on Reality*, Moscow, 발행 연도 없음, p 101에서 인용.

153 Engels, *Ludwig Feuerbach*, Sec 4, (*Selected Works* III, p 365.)

154 같은 책, p 362.

155 같은 책, p 366.

156 Engels, *Origin of the Family...* (*Selected Works* II , p 331.)

157 Engels, *to Bloch*, 21/9/90.

158 Lenin, *Marx*, 1913.

159 Trotsky, *The Living Thoughts of Marx*, Introduction.

160 Engels, *Anti-Duhring*, p 127.

161 Engels, *Ludwig Feuerbach*, (*Selected Works* III, p 339.)

162 Hegel, *The Phenomenology of the Mind,* Warde, 앞의 책, p 22에서 인용.

163 Engels, *Dialectics of Nature*, p 192.

164 E J Holmyard, *Inorganic Chemistry*, Dent, 1949, p 17.

165 Warde, 앞의 책, p 6 이하 참조.

166 Plekhanov, *Selected Works* III, p 64.

167 Warde, 앞의 책.

168 Otto Ruhle, *Karl Marx*, New Home Library, N. Y., 1943, p 104.

169 Plekhanov, *Selected Works* I , p 808.

170 Warde, 앞의 책, pp 52~53.

171 W T Stace, 앞의 책, pp 183~184.

172 같은 책, p 184.

173 Lenin, *Collected Works* 38, p 94.

174 Marx, *Moralizing Criticism...* (*Collected Works* 6, p 320.)

175 Engels, *Dialectics of Nature*, p 285.

176 같은 책, p 285. See also Lenin, *On Dialectcs*, 1915.

177 Engels, *Schmidt*, 1/11/91. See also *Dialectics of Nature*, pp 217~218.

178 Stace, 앞의 책, pp 96~97.

179 같은 책, pp 102~103.

180 Lenin, *Collected Works* 38, p 89.

181 Engels, *Anti-Duhring*, p 35.

182 같은 책, p 34.

183 Marx and Engels, *Selected Works* II, p 450.

184 Lenin, *Collected Works* 38, p 253.

185 같은 책, p 98.

186 같은 책, p 223.

187 Lenin, *On Dialectics*, 1915.

188 R L Worrall, *The Outlook of Science*, p 43.

189 B Farrington, *Greek Science*, Vol I , p 35 이하 참조.

190 Lenin, *Collected Works* 38, p 262.

191 E Jones, *Sigmund Freud*, p 63.

192 I Pavlov, *Lectures on Conditioned Reflexes*, p 373, Worrall, 앞의 책, pp 174~175에
     서 인용.

193 Goethe, *Faust*, Part I , Scene iv.

194 E Schrodinger, *Science and the Human Temperament*, p 152.

195 Engels, *Dialectics of Nature*, pp 215~216.

196 B Kuznetsov, *Einstein*, p 71.

7장 모순을 통한 발전

1   B Kuznetsov, *Einstein*, p 68.

2   Max Planck, *Where is Science Going?* p 83.

3   Ruth Moore, *Niels Bohr*, Knopf, 1966, p 413.

4   Otto Ruhle, *Karl Marx*, p 104.

5   Marx, *The Poverty of Philosophy*, Moscow. p 105.

6   *In Tyrannos*, L Drummond, London, 1944, p 84.

7   Marx, *Comments on the Latest Censorship Instruction, Collected Works* I , p 113.

8   Lenin, *Collected Works* 38, p 201.

9   N K Krupskaya, *How Lenin Studied Marx*, in *On Education*, Moscow, 1956.

10   Marx, *Deutsch-Franzosische Jahrbucher*, 1844, *Collected Works* III, p 144.

11   Trotsky, *Perspectives of American Marxism*, Letter to Calverton, *Fourth International*, Fall 1954, pp 129~130.

12   Yavorsky and Pinsky, *Fundamentals of Physics*, Mir, Moscow, 1974, Vol I , Ch 7.

13   Hegel. Engels, *Dialectics of Nature*, Lawrence & Wishart, p 42. (The Philosophy of Nature)에서 인용.

14   Engels, *Dialectics of Nature*, Moscow Edition, pp 82와 285.

15   Y Elkana, *The Discovery of the Conservation of Energy*, Hutchinson, 1974. p 34. Gantmacher. 앞의 책, p 31.

16   J G Crowther, *Famous American Men of Science*, 1937, p 87.

17   Hegel, Logic. Lenin, *Collected Works* 38, p 275에서 인용. Plekhanov, *Selected Works* I , pp 552, 714도 참조.

18   Hegel, Logic. Lenin, *Collected Works* 38, p 138에서 인용.

19   Warde, 앞의 책. p 57에서 인용. T Oisermann, *Marxism its Roots and Essence*, Moscow, 발행 연도 없음, p 21도 참조.

20   Lenin, *Collected Works* 38, p 139에서 인용.

21   Lenin, *Collected Works* 38, p 104에서 인용.

22   Plekhanov, *Selected Works* I , pp 552, 714.

23   Stace, 앞의 책. p 95.

24   Lenin, *Collected Works* 38, p 140.

25   Lenin, *Collected Works* 38, pp 140, 224, 228.

26   *Fundamentals of Marxism-Leninism*, Moscow, 1961, p 72.

27   Marx, *Capital* I , Moscow, p 596n.

28   Marx, *The Poverty of Philosophy*, Moscow, p 112.

29   *The New International*, NY, May-June 1950.

30   Engels, *Anti-Duhring*, Moscow 1962, p 474.

31 Lenin, *Collected Works* 38, p 253.

32 같은 책, p 360.

33 Rosa Luxemburg, *The Junius Pamphlet*, US Edn. p 123.

34 *Lenin Miscellany*에서 인용.

35 Ernest Jones, *Sigmund Freud*, p 213.

36 Freud, *Clark Lecture* II (1909), Penguin Edn, p 50, Freud, *Auto-biographical Study*, 1925, Ch III도 참조.

8장 대립물의 자기 변형

1   Plekhanov, *Selected Works* I, p 477.

2   Warde, 앞의 책, pp 53~54.

3   같은 책.

4   Lenin, *Collected Works* 38, pp 198~199.

5   William Congreve, *The Mourning Bride*, III, 8.

6   Marx, *Moralizing Criticism...* October, 1847, *Collected Works* VI, p 317.

7   Marx, *Capital*, 제2판 후기.

8   Plekhanov, *Selected Works* SI, p 669 (*Development of the Monist View...*)

9   Lenin, *On the Junius Pamphlet*, *Collected Works* 22, p 309.

10 Lenin, *Collected Works* 38, p 109.

11 Engels, *Dialectics of Nature*, p 294.

12 Engels, *Anti-Duhring*, p 194.

13 Engels, *Dialectics of Nature*, p 81.

14 J G Crowther, *Famous American Men of Science*, Secker and Warburg, 1937, p 76.

15 Freud, *Ego and the Id*, p 59.

16 Plekhanov, *Selected Works* I, p 477.

17 같은 책, p 488.

18 같은 책, p 487.

19 Engels, *Dialectics of Nature*, p 300.

20 Lenin, *Collected Works* 38, p 346.

9장 부정의 부정

1   Warde, p 23에서 인용.

2   Engels, *Anti-Duhring*, Moscow, 1962, pp 186~187.

3   같은 책, p 187.

4   같은 책, p 187.

5   Plekhanov, *Selected Works*, I , p 612.

6   Tom Pains, *Age of Reason*.

7   S Freud, *Three Contributions to the Theory of Sex*, 1905, Ch II in *The Basic Writings*, Modern Library. *Clark Memorial Lectures*, 1909, Lecture IV. *Outline of Psychoanalysis*, Hogarth, p 11도 참조.

8   Plekhanov, 같은 책, p 624.

9   Lenin, *Karl Marx*, 1914, in *Marx, Engels, Marxism*, Moscow 1965, p 21.

10   Lenin, *Collected Works*, Vol 38. p 222.

11   A L Morton, *A People's History of England*, Lawrence & Wishart, 1948, p 275.

10장 양에서 질로, 그리고 질에서 양으로의 전이

1   Lenin, *Collected Works* 38, p 121에서 인용.

2   Benjamin Farrington, *Greek Science*, Penguin, Vol I , p 34.

3   Engels, *Anti-Duhring*, Moscow 1962, p 177.

4   Engels, *Dialectics of Nature*, p 67.

5   Hegel, *Encyclopaedia*, Wisdom Library, N.Y., 1959, p 123.

6   Lenin, *Collected Works* 38, p 120 이하 참조. Worrall, *Energy and Matter*, pp 11~12, 69 이하도 참조.

7   W H George, *The Scientist in Action*, William and Norgate, 1936에서 인용.

8   Trotsky, *In Defence of Marxism*, p 84.

9   Freud, Clark Lecture V in *Two Short Accounts of Psychoanalysis*, Penguin, p 87.

10   Marx, *Capital* I , p 309와 Letter to Engels 22 June 1867.

11   Engels, *Dialectics of Nature*, p 69.

12   W L Ferrar, *Higher Algebra*, Oxford, 1967, Preface.

13 Lenin, *Collected Works* 38, pp 123~125. Plekhanov, *Fundamental Problems*, p 27.

14 Plekhanov, *Selected Works* I , p 797.

15 Engels, *Dialectics of Nature*, p 67.

16 Freud, *An Autobiographical Study*, Hogarth, 1946, p 102.

17 Freud, *An Outline of Psychoanalysis*, Hogarth, p 7.

18 J B S Haldane, *Life at High Pressures*, Penguin Science News, No. IV, 1947.

19 *Philosophical Problems of Elementary Particle Physics* Progress, Moscow 1968, p 415에서 인용.

20 W M Smart, *The Riddle of the Universe*, Longmans, 1968, p 205.

21 G Gamow, *The Birth and Death of the Sun*, Mentor, 1952, pp 148~150.

22 W M Smart, *The Riddle of the Universe. Philosophical Problems of Elementary Particle Physics*, pp 47~49.

23 Engels, *Dialectics of Nature*, p 66. *Anti-Duhring*, Ch VII.

24 Marx, *Capital* I , p 309n.

25 Engels, *Dialectics of Nature*, p 66.

26 B M Yavorsky and A A Pinsky, *Fundamentals of Physics*, Mir, Moscow, 1975, p 339. D'Arcy W Thompson, *On Growth and Form*, pp 348, 552, 662, 734.

27 O N Pisarzhevsky, *D I Mendeleyev*, Moscow, 1954, p 93.

28 같은 책, p 94.

29 Engels, *Dialectics of Nature*, p 69.

30 Engels, *Dialectics of Nature*, p 256. *Anti-Duhring*, pp 515~516.

31 P W Selwood, *General Chemistry*, Henry Holt, N.Y., 1950, p 476.

32 Ya A Smorodinsky, *Particles, Quanta, Waves*, Mir, Moscow, 1976, p 64.

33 Ruth Moore, *Niels Bohr*, Knoff, N.Y., 1966.

34 Trotsky, *Marxism and Science*, Young Socialist Edn, Ceylon, p 21.

35 같은 책, p 40.

36 T H Huxley, *Darwiniana*, Macmillan, London, 1893, p 301.

37 Julian Huxley, *The Living Thoughts of Darwin*, Cassell, London, 1946, p 101 이하 참조.

38 Trotsky, *Marxism and Science*, p 17.

39 H Levy, *A Philosophy for a Modern Man*, Gollancz, London, p 90.

40 Trotsky, *Where is Britain Going?* Socialist Labour League, London, 1960, p 52.

41 A C Jenkins, *A Wealth of Trees*, Methuen, London, 1969, p 157.

42 Ya Perelman, *Figures for Fun*, Mir, Moscow, 1979, p 103 이하 참조. J Huxley, *The Living Thoughts of Darwin*, p 70.

43 J Huxley, 앞의 책. p 69.

44 Thompson, *On Growth and Form*, p 144.

45 Gordon Childe, *Man Makes Himself*, Mentor, 1951, p 16. Thompson, 앞의 책, p 144.

46 Marcel Prenant, *Marxism and Biology*. Ya Perelman, 앞의 책.

47 Thompson, 앞의 책, p 144.

48 R L Meek, *Marx and Engels on Malthus*, p 12.

49 Gordon Childe, 앞의 책, pp 17~18.

50 R L Meek, 앞의 책. p 11. Marx, *Theories of Surplus Value*, Vol III을 인용.

51 Marx, *Capital* I, p 616. *Theories of Surplus Value*. Letter to Schweitzer, 24 January 1865.

53 Marx, *Capital*, Preface to the Second Edition.

54 Engels, *Letter to Lange*, 29 March 1865.

55 J Huxley, *The Living Thoughts of Darwin*, p 66 이하 참조.

56 Letter of Marx to Engels, 18 June 1862.

57 O N Pisarzhevsky, 앞의 책, p 52.

58 Trotsky, *Marxism and Science*, p 26.

59 Thompson, *On Growth and Form*, p 142 이하 참조.

60 같은 책, p 24.

61 H Levy, *Modern Science*, Hamish Hamilton, 1939, Ch 26.

62 W L Stokes, *Essentials of Earth History*, Prentice Hall, 1966, p 434.

63 Gordon Childe, *Man Makes Himself*, p 16. Dorothy Davison, *Men of the Dawn*, Thinkers Library, 1944, p 6.

64 Thompson, *On Growth and Form*, p 756.

65 F Bodmer, *The Loom of Language*, Allen & Unwin, 1945, p 57, p 63 이하 참조.

66 Morris Kline, *Mathematics in Western Culture*, p 14.

67 S Eisenstein, *Film Form*, Dennis Dobson, 1951, p 30.

68 S Eisenstein, *Film Sense*, Faber 1948, pp 13~14. E Lingren, Introduction to *Que Viva Mexico*, Vision Press, 1951도 참조.

69 Freud, *An Outline of Psychoanalysis*, p 29.

70 Freud, *Wit and its Relation to the Unconscious*, in *Basic Writings*, Modern Library, p 640.

71 Lenin, *Collected Works* 38, p 123.

72 Plekhanov, *Selected Works* I , p 610.

73 Quoted in T A Jackson, *Dialectics*, Indian Edn, 1939, p 349.

74 Engels, *Anti-Duhring*, p 95.

75 Engels, *Anti-Duhring*, p 509.

76 Plekhanov, *Selected Works* I , p 418.

77 같은 책, p 480.

78 같은 책, pp 415~416.

79 같은 책, p 414.

80 Max Planck, *A Survey of Physics*, Methuen, pp 78~81.

81 James Jeans, *Astronomy and Cosmogony*, Cambridge University Press, 1929, p 412.

82 L de Broglie, *Matter and Light*, Allen & Unwin, 1939, p 248.

83 T H Hexley, *Darwiniana*, London, 1893.

찾아보기